comportamiento
SUICIDA

Perfil
psicológico
y posibilidades
de tratamiento

FERNANDO QUINTANAR

EDITORIAL
PAX MÉXICO

COORDINACIÓN EDITORIAL: Matilde Schoenfeld
PORTADA: Luis R. Vargas y González

© 2007 Editorial Pax México, Librería Carlos Cesarman, S.A.
        Av. Cuauhtémoc 1430
        Col. Santa Cruz Atoyac
        México, D.F. 03310
        Teléfono: 5605 7677
        Fax: 5605 7600
        editorialpax@editorialpax.com
        www.editorialpax.com

Primera edición
ISBN 13 dígitos: 978-968-860-809-8
ISBN 10 dígitos: 968-860-809-2
Reservados todos los derechos
Impreso en México / *Printed in Mexico*

Índice

Uno de los retos de escribir un libro acerca del suicidio es no repetir la forma como otros autores han tratado el tema, e ir un poco más allá de las discusiones teóricas, conceptuales o filosóficas que son necesarias pero no suficientes. Esto no devalúa lo propuesto por tros autores, pues hay excelentes textos que son clásicos en el estudio del suicidio. Algunos textos recientes han planteado ideas novedosas que posibilitan el desarrollo de nuevas líneas de investigación, pero, desafortunadamente, en México (y al parecer en América Latina) carecemos de un texto con información actualizada de cómo ocurre el suicidio. He tenido la oportunidad de platicar con muchas personas interesadas en el tema del suicidio, pero era un interés superficial o, en el peor de los casos, meramente circunstancial o académico; pocas veces habían tenido la experiencia de tratar directamente a personas que habían intentado suicidarse o a quienes han padecido el suicidio de un ser cercano; menos aún habían tenido la oportunidad de recibir el cuerpo del suicida, ayudar a prepararlo, tratar a los familiares, capacitar a personal de salud y asistencia social, o tener que lidiar con las complicaciones que el suicidio puede generar, y no se diga el que hayan padecido la frustración de que, a pesar de todos los intentos, tarde o temprano se reciba la noticia de que el suicidio se había consumado.

El presente documento tiene la finalidad de compartir con el lector algunas inquietudes referentes al fenómeno del suicidio, planteando algunos aspectos que pueden estar relacionados con el tema y que, según la información disponible, no habíamos retomado hasta el momento; pero también tiene el propósito de invitar a reflexionar sobre la manera como se ha estudiado dicho tema. Solamente el lector podrá juzgar si se logró lo propuesto.

Parte del presente documento lo elaboré mientras realizaba en 2005 un trabajo de investigación de campo en Salamanca, España. Durante ese tiempo tuve la oportunidad de vivir dos experiencias relacionadas con el tema del suicidio; la primera fue con un señor al que conocí en el pueblo de Miranda del Castañar cuando decidí realizar la investigación en ese lugar, él me recibió cuando llegué sin conocer a nadie y me mostró los lugares donde sería posible trabajar y alojarme durante el tiempo que hiciera mi investigación. Cuando regresé a buscarlo después de casi 10 meses, noté que el grupo de personas ancianas con quienes yo trabajaba no mencionaban nunca a aquel señor que me los presentó; poco a poco me fui ganando su confianza hasta que pude preguntar por don Carlos y su familia (su esposa y una hija adulta con parálisis cerebral). La sorpresa fue muy desagradable, pues yo creía que se habían ido a otro lugar y resultó que su esposa se había muerto por un problema médico, él y su hija se fueron a una casa-hogar en la ciudad de Bejar y a las pocas semanas mostró evidencias de que se estaba despidiendo de su hija. Un día él esperó la hora de la comida para quedarse solo y entonces corrió por uno de los pasillos altos de la casa-hogar y se arrojó a la calle por una ventana.

El segundo caso que conocí lo compartí con una amiga y joven compañera psicóloga salvadoreña que sabía que uno de los temas en los que me intereso y trabajo es el suicidio. En ese tiempo, ella hacía su investigación doctoral en un hospital de Zamora, ubicada en la comarca de Castilla y León. En este caso hubo una situación muy interesante, pues un reportero estaba interesado en investigar algo para un reportaje y se encontró en internet con una liga que invitaba a quienes estuvieran interesados a contactarse con una persona que pretendía organizar un suicidio colectivo. El reportero logró ponerse en contacto con los interesados y dio aviso a la policía, lo cual salvó la vida de tres de ellos: eran tres jóvenes profesionistas de 21 a 25 años que habían logrado reunirse y ponerse de acuerdo en realizar un suicidio colectivo. Habían rentado una casa para turismo rural pagando la cuenta para varios días, habían comprado el equipo para suicidarse y habían elaborado sus respectivas indicaciones y testamentos para que fueran cumplidos una vez que se hubieran suicidado. Gracias a la información del reportero, la policía impidió que el suicidio se consumara y los jóvenes fueron llevados a tratamiento especializado.

Mientras yo seguía el desarrollo del suceso tuve la fortuna de que mi amiga fuera una de las especialistas a quien le tocó atender a dos de ellos. Al preguntarles cuáles eran los motivos que los llevaron a intentar quitarse la vida, notó que los jóvenes se quejaban de que vivir no tenía sentido y que no había motivo para luchar pues todo estaba arreglado; sentían una vida vacía pues si no trabajaban contaban con un apoyo por estar de paro, todos los días hacían lo mismo, visitaban los mismos lugares, consumían las mismas bebidas, tenían auto propio, el trabajo no era motivador a pesar de que dos de ellos trabajaban en un campo vinculado con su profesión, y las relaciones de noviazgo no eran significativas. No tenían antecedentes penales, ni eran adictos a la drogas ni al alcohol y se les conocía como buenos compañeros (algunos algo retraídos) y honestos en su trabajo; pero, al igual que otros casos, parecía que las relaciones familiares no eran muy cercanas, como si los beneficios materiales trataran de subsanar las expresiones emocionales. Según ellos, en estas condiciones no valía la pena vivir.

Estos dos ejemplos y otros más en los que se encontraron implicados menores de edad confirmaron que lo planteado en el presente libro no era exclusivo de México. Pareciera que los factores que inducen al suicidio en diferentes lugares del mundo comparten muchas características en común y, por lo tanto, es necesario contar con especialistas que puedan analizar estos problemas con un enfoque interdisciplinario, preventivo y metodológicamente sustentado.

En el primer caso, don Carlos tenía asegurados sus ingresos por medió de su pensión y contaba con buenos servicios de salud y seguridad social; pero la falta de la compañera de toda su vida y el padecimiento de su hija fueron demasiado para él. Agreguemos a esto el hecho de que ya no vivía en su casa sino en un lugar extraño al que había ingresado hacía menos de un año. Pareciera que la falta de relaciones significativas y las pérdidas importantes fueron las principales causas de su suicidio.

Por otro lado, ¿qué podemos decir de los tres jóvenes del segundo caso? En ellos pareciera que los beneficios sociales, que suelen ser considerados conquistas de una sociedad al mejorar la calidad de vida, se habían transformado en factores que frustraban las realizaciones personales y que no había elementos que indujeran al logro de metas cotidianos.

Este caso nos permite pensar que no todos los beneficios sociales tienen consecuencias positivas. Si hubiera sido uno solo el que trataba de suicidarse, esta posibilidad no parecería tan evidente. Como lo veremos a lo largo del libro, algunos suicidios colectivos son realizados por seguir a un líder o cumplir un ideal, pero en el caso de dichos jóvenes esto no era lo principal, sino todo lo contrario. Los beneficios materiales y la seguridad social que tenían les habían privado de disfrutar sus logros personales y sus realizaciones particulares.

Los ejemplos presentados aquí corresponden a los extremos de la vida: son una muestra de que el suicidio no respeta edades ni siempre se origina por las mismas causas. Algo está sucediendo en nuestra sociedad que debe ser atendido, y la forma como esto se halla organizado tiene la finalidad de facilitar algunas maneras de hacer algo al respecto.

Cuando fui invitado a escribir este libro, recordé que en la mayor parte de la literatura que conocía se planteaba pocas veces una propuesta de trabajo, una revisión de las metodologías o una comparación de los factores que propician el suicidio; la mayoría de los textos mencionaban opiniones personales o discusiones filosóficas o teóricas que en pocas ocasiones sustentaban con investigaciones que validaran sus resultados. Algunos textos están centrados en análisis de casos y otros discuten el propio concepto de suicidio, pero siguen partiendo de la misma idea de lo que suponemos representa el suicidio. Acepté la propuesta para integrar alguna información que se encontraba dispersa; además, había tenido deseos de elaborar un documento en el cual pudiera incluir y desarrollar algunas de mis preocupaciones sobre el tema del suicidio y de la psicología de la muerte. A fines de la década de 1980 colaboré con un equipo de investigadores coordinados por un psiquiatra, el doctor Víctor Manuel Guiza, quien posteriormente llegó a ser director del Instituto Nacional de Salud Mental (INSaMe) del Sistema Nacional para el Desarrollo Integral de la Familia (DIF); la propuesta tenía como finalidad el hacer una investigación longitudinal de poco más de un año sobre el suicidio en el Servicio Médico Forense del Distrito Federal. Al mismo tiempo, se pretendía canalizar a los sobrevivientes del suicidio para ser atendidos en el INSaMe-DIF.

Realizamos el proyecto y reportábamos y discutíamos los avances en las sesiones clínicas y de investigación. Llevábamos a cabo sesiones bibliográficas y de análisis de documentos sobre el suicidio, invitábamos a ponentes como especialistas para dar pláticas y conferencias, y teníamos la oportunidad de compartir con nuestros compañeros sus proyectos y planes de trabajo.

Al estar en esa dinámica era fácil intercambiar experiencias e inquietudes, la principal de las cuales, que muchos compartíamos, era la de cómo prevenir el suicidio. En una ocasión una compañera enfermera, que estudiaba sociología por las tardes y a la que llamaré AN, me preguntó cómo íbamos con el desarrollo del proyecto; la plática fue agradable, pero me dejó una sensación extraña. Ella era una mujer físicamente atractiva e inteligente, me platicó de amigos suyos que se habían suicidado y que se habían comportado de tal manera que era posible ver ciertos riesgos de suicidio. Tenía una hija, jovencita, de una relación anterior, y vivía con ella y con su esposo; tuve la oportunidad de compartir brevemente algunas pláticas con ella y con su familia y, al igual que lo hicieron otros compañeros (profesores tanto de la universidad como del INSaMe), ella me apoyó y ayudó en momentos que lo necesité por cuestiones de salud de mi esposa. Seguimos trabajando y platicando cada vez que podíamos, pero era común que me sintiera con una extrañeza muy particular con ella.

En una ocasión tuve que salir del instituto varios días y al visitar a una de mis compañeras y amiga me informó que AN se había suicidado en su casa después de que había pasado a dejar a su hija a la escuela y se había preparado para salir a trabajar. Un amigo de nosotros fue a buscarla a su casa cuando no llegó al instituto; no sé cómo pudo entrar al departamento, pero la encontró colgada en el baño.

Los sentimientos que este suceso generó en quienes la conocimos variaron desde el dolor, la sorpresa, el desconcierto y hasta el enojo. No faltó quien quiso manifestar su malestar encauzándolo contra las autoridades del instituto, otros dudaban de que el trabajo realizado sirviera de algo si en nuestros compañeros ocurrían estos problemas y otros más simplemente guardaron silencio y no supieron cómo reaccionar.

Lo que AN causó en muchos de nosotros fue una verdadera sacudida y nos puso en evidencia de que nadie está exento de encontrarse tarde o temprano con el tema del suicidio entre quienes le rodean. También puso en evidencia que nuestras instituciones del sector salud carecen de una infraestructura adecuada para dar apoyo a su personal; así, no basta tener conocidos que inspiren confianza y a quienes podamos hablarles de nuestras inquietudes y preocupaciones, tampoco basta con pláticas entre amistades íntimas para aclarar nuestras inquietudes y temores. El suicidio de AN era un buen ejemplo de lo que faltaba al personal de salud para trabajar con el suicidio y sus consecuencias: no en vano hay una preocupación por capacitar al cuerpo médico en cómo tratar los casos de suicidio. La muerte de AN es un buen pretexto para hacer un análisis institucional o socioclínico del estado psicológico y de salud del personal de las instituciones de salud y asistencia social.

Pensé que con el tiempo el suicidio sería algo que se tomaría más en cuenta, pero cada vez que tengo la oportunidad de preguntar en mis cursos, talleres o conferencias, en la capital o en diferentes partes del país si los alumnos o asistentes han tenido alguna experiencia cercana de algún tipo con el suicidio, me sorprende que, conforme pasan los años, cada vez más personas levantan la mano y nos comparten sus experiencias al respecto.

En los últimos cuatro años he tenido la oportunidad de impartir una serie de cursos y talleres en el sureste mexicano, lo cual me permitió encontrar a colegas de Campeche y Yucatán que han tomado la iniciativa de proponer estudios y realizar acciones de apoyo y orientación para la atención del suicidio. Su preocupación no es gratuita, pues en el sureste mexicano han aumentado como nunca los índices del suicidio en comparación con el resto del país. Curiosamente son lugares donde también ha habido gran movilidad social, donde las familias se han disgregado y donde la competencia laboral se ha incrementado, debido al desarrollo turístico de esa zona.

Por desgracia, el incremento ha ocurrido principalmente en el suicidio de jóvenes y adolescentes, lo cual continúa sin que veamos un próximo descenso. El grupo de colegas que han estudiado el suicidio han propuesto desarrollar una investigación en la cual han incluido una gran variedad de variables socioeconómicas, médicas y psicológicas (algunas de las cuales se evaluarían con tests psicológicos) y se enfrentan a la burocracia de las acciones de gobierno y a la falta de recursos para realizar por completo el proyecto.

En el caso de México, los estados de Tabasco y Oaxaca también han dado evidencias de que el suicidio ocupa un lugar importante como causa de muerte, pero las únicas propuestas que conozco para tratar el suicidio han sido centradas en realizar estudios tanto para identificar perfiles y factores de riesgo, como para desarrollar o adaptar escalas y otros instrumentos, y hay pocas propuestas de intervención para la atención del suicidio.

Como el lector verá a lo largo de la lectura, el suicidio parece evolucionar al ritmo de los cambios sociales. Las causas tendrán que ser definidas según el contexto y no creo que podamos pensar en una sola forma de suicidio como la más preocupante, aun cuando en algunos casos pudiera ser moralmente justificable. Hay muchas causas y formas de suicidio, las cuales cambiarán tanto como la sociedad cree nuevas formas de vida y de muerte.

Por desgracia, he sido testigo directo de la trascendencia que el suicidio puede tener en nuestros seres queridos; puede causar una verdadera desorganización personal que trastoque lo más íntimo de nuestro ser. El suicidio evoluciona de tal manera que puede esconderse en diferentes formas de morir; por eso pido al lector que otorgue el beneficio de la duda científica y profesional y piense un poco en las posibles relaciones entre el desamparo aprendido y el fenómeno de muertes en serie que trato en algunos apartados del libro.

Necesitamos nuevas teorías y estrategias de intervención (o incluso recuperar lo que algunas teorías pudieran dar y no hemos explorado; bien podríamos dar una oportunidad académica e institucional al análisis transaccional, la terapia gestalt y cognitivo conductual, la sociología clínica, la teoría jungiana, las aportaciones antropológicas y otras más que podamos plantear). Muchas de las propuestas de orientación psicoanalítica o psiquiátrica se han quedado cortas en este tema. ¿Alguien sabe de algún programa realmente exitoso para atender, prevenir y comprender el suicidio en nuestro país?; si no lo hay, ¿qué nos falta hacer? No confundamos nuestras preferencias teóricas con la utilidad práctica y resolutiva que nuestra postura pueda tener. Algunas propuestas interesantes no pude incluirlas en el texto por falta de tiempo y espacio, aunque esto será motivo de otro trabajo, considero necesario repensar en la orientación con que hemos estudiado el problema del suicidio.

El suicidio también es contrastante según el grupo de edad al que pertenecemos. Los adolescentes y jóvenes suelen expresar sus inquietudes con otras personas de su edad, con quienes hay una buena oportunidad de desarrollar alguna propuesta de prevención. En el caso de los viejos, la soledad y la salud son factores muy fuertes que generan posibilidades que normalmente no se piensan para terminar con la vida; por ende, podemos diseñar programas de movilización comunitaria para la atención de la población anciana. También podríamos preguntarnos ¿realmente qué determina las diferencias del suicidio entre hombres y mujeres? Procuremos no dar respuestas preconstruidas, sino dejemos que el estudio del suicidio nos guíe en su camino y nos muestre las vertientes que puede tomar, las variables por considerar y los indicadores que podemos reconocer.

El tema del suicidio también implica asumir un compromiso ante su estudio, pues cuando una persona se suicida la sociedad pierde una oportunidad y una alternativa. Los investigadores del tema no dejan de ser personas, por lo cual debemos reconocer que pierden una parte de su humanidad en cada suicidio que se consuma. Bien necesario es el compartir con otros colegas nuestros casos y experiencias como lo proponen en diferentes momentos los doctores Klenberg, Lafarga y Gómez del Campo, dejemos memoria del trabajo realizado y que otros retomen la experiencia compartida.

Deseo que este texto permita dar un paso más en la atención del suicidio; con todo, el suicidio es una opción, pero también lo es vivir la vida.

Introducción

En el presente documento doy continuidad a un texto que el doctor Arturo Silva me invitó a escribir para un libro que él escribía acerca de la conducta antisocial. Posteriormente Editorial Pax México me sugirió elaborar un texto exclusivamente relacionado con el tema del suicidio. He aquí el resultado. Sin embargo, el cuestionamiento sobre la forma como se ha venido estudiando el suicidio, así como el incremento de los índices de suicidio donde antes aparentemente no se presentaban, como la población de adolescentes, ha planteado la necesidad de abrir los esquemas de referencia para considerar otras cuestiones o enfoques que no se pensaban que estuvieran relacionados con el suicidio; por eso decidí tratar algunos temas que desde la práctica clínica, la investigación institucional y la experiencia personal me parece que tienen que ver con el comportamiento suicida, e incluí algunos aspectos que antes no se reportaban en la literatura.

En el primer apartado examino el problema de la definición del suicidio y las implicaciones que tiene la forma como se ha planteado el estudio del suicidio e incluyo un breve análisis de su tipología y clasificación.

En el segundo apartado presentamos temas relacionados con los problemas y desarrollos de la investigación del suicidio e incluimos aspectos sobre epidemiología, evaluación de riesgo suicida, la autopsia psicológica, las notas suicidas y la cédula o formato para la investigación de campo que desarrollamos durante la investigación realizada en el Instituto Nacional de Salud Mental (INSaMe). También incluimos una serie de datos a manera de exploración estadística sobre algunos temas aún no explorados por los investigadores, como el suicidio entre jóvenes y ancianos en relación con las muertes violentas. Los datos preliminares que aquí reporto sugieren un futuro de trabajo intenso sobre el tema.

En la tercera sección presento algunos aspectos que me parece han descuidado mucho los psicólogos. Uno de ellos es el desamparo aprendido o indefensión; además, reporto algunos casos suicidas y analizo uno que, por la forma como ocurrió, parece un buen ejemplo de desamparo aprendido y con mucho de suicidio oculto.

En la cuarta sección retomo mucho de lo escrito en el texto original del doctor Silva y lo complemento con información actualizada sobre riesgo suicida y características del suicidio por grupo de edad.

Por último, en la quinta sección comento brevemente la atención y prevención del suicidio, pero sobre todo señalo la importancia de la formación y forma de trabajo de los especialistas dedicados a estos campos de la muerte y el suicidio.

No me queda más que agradecer al doctor Arturo Silva y a Editorial Pax México las invitaciones y propuestas hechas, de las cuales este libro es el resultado. También deseo agradecer a mis hijas Magaly y Adhyra Quintanar García haberme permitido compartir sus experiencias con los compañeros de su escuela o amistades que interrumpieron tempranamente su vida, así como a mi esposa Carlota García por sus comentarios a los textos y por tener la fortaleza de mantenerme el ritmo de trabajo que nos tocó tener en estas fechas y gracias a lo cual pude terminar este documento.

Hago un reconocimiento especial y mi agradecimiento a todos los colegas, psicólogos, psiquiatras, enfermeras y trabajadoras sociales con quienes compartí las vivencias de la investigación y la práctica clínica que me permitieron comprender mejor no sólo el sufrimiento sino también la responsabilidad que tiene el suicidio, pero sobre todo mi respeto a quienes tuvieron la confianza de compartirme sus más dolorosos deseos y su lucha por seguir a pesar de todo.

capítulo 1

Suicidio: definición, componentes y tipología

Desde el trabajo pionero de Durkheim en 1897, el suicidio fue estudiado en una dimensión social que no había tenido, pero en la cual tampoco se ha avanzado mucho en la actualidad. Los patrones de la conducta suicida se han venido quebrantando: se ha incrementado su incidencia y prevalencia, su imagen se ha socializado más, se han debilitado diferentes estructuras sociales que servían de contención y soporte, la estructura familiar se ha diversificado y se han cambiado las condiciones de trabajo y la organización laboral. No es de extrañar que ahora sea necesario reconsiderar las causas y condiciones del suicidio.

El suicidio es consecuencia de una serie de factores sociales, demográficos, ambientales, económicos, psicológicos, históricos e incluso filosóficos, que se manifiestan y agrupan tanto en el colectivo de una sociedad como en las expresiones individuales de cada uno de sus integrantes; como todas las conductas humanas el suicidio es un acto complejo, por lo que no se puede dejar de considerarlo bajo distintos ángulos. Según cifras de la OPS, en 1977 morían 1 000 personas diariamente por suicidio (en la actualidad esta cantidad se ha incrementado mucho).

Antes de Durkheim, el suicidio era considerado un fenómeno clínico, pero a partir de sus resultados empezó a aparecer en un contexto social con condiciones que lo favorecían. Sin embargo, lo que nos muestra la mayor parte de lo reportado en México es que el suicidio se ha seguido estudiando con una visión básicamente clínica y demográfica, con pocas o nulas propuestas a nivel social e interdisciplinario. A pesar de lo conocida que es la relación entre violencia familiar y social y la tendencia al suicidio, no hemos desarrollado estrategias adecuadas para atenderlo y prevenirlo.

No obstante, el suicidio también ha evolucionado en su definición y ha retomado distintos rumbos que han hecho difícil su delimitación, de modo que queda sólo como un acto demográficamente considerado en las representaciones gráficas de una población.

La conducta suicida y el suicidio: definición y naturaleza

En un inicio, el suicidio había sido abordado por la religión y por la filosofía. Desde la religión, sobre todo en Europa con la religión católica, el suicidio era considerado una mala muerte, una condición no aceptada a tal grado que al suicida se le negaba la sepultura en el campo santo, se estigmatizaba a los seres cercanos al suicida, y si no se podía ocultar por otros medios era calificado de enajenación mental con lo cual existe el antecedente de que tras el suicidio hay indicios de locura y la sociedad no era copartícipe de ese acto.

No sabemos cómo empezó el suicidio, aunque sí que el acto suicida es milenario, pero el término suicidio y suicida es relativamente actual y, según Clemente y González (1996), surgió en dos frentes: uno en Gran Bretaña en el siglo XVII y otro en Francia en el XVIII. La palabra *suicidio* tenía su origen en el abate Prévost (1734), la retomó el abate Desfontaines (1737), fue incluida en la Academia Francesa de la Lengua en 1762 y significaba "el acto del que se mata a sí mismo". Como vemos, la definición se reduce a la acción individual del suicida y descarta la relación que haya con los demás y el momento en que se suicida.

Por el lado de la filosofía se resaltaban argumentos de tipo social y existencial en pro y en contra del suicidio. Sin profundizar, podemos decir que el suicidio fue estudiado por Platón, Sócrates, Aristóteles, Séneca y San Agustín, entre otros; por su parte, la psiquiatría siempre consideró al suicidio una enfermedad; ya Pinel pensaba que el acto suicida era un síntoma de melancolía, y en su época se le concebía como una crisis de afección moral causada por las múltiples condiciones de la vida. No es de extrañar que en su origen se le veía al suicidio como una enfermedad y se le abordara con una visión principalmente clínica; pero el trabajo de Durkheim cambió esta visión y amplió los horizontes que había sobre el suicidio. Dicho autor trató el tema del suicidio desde un enfoque diferente de como se había abordado hasta el momento; en su época, el suicidio se había entendido como una enfermedad en sí misma y se le veía principalmente como una cuestión clínica que afectaba a las personas suicidas. Pero Durkheim tuvo la visión de entender que también algunos factores determinantes pueden llevar al suicidio y que no son de origen clínico; él no trabajó en la atención a personas o en entrevistas directas con familiares de suicidas, lo cual le permitió ver que el suicidio tiene una presencia social no identificada hasta el momento.

Durkheim define al suicidio como "todo caso de muerte que resulte, directa e indirectamente, de un acto, positivo o negativo, realizado por la víctima, sabiendo que ella debía producir este resultado". Él estimaba necesario no ver al suicidio como un caso aislado y examinado de manera independiente. Al considerar en conjunto los suicidios cometidos en una sociedad durante un tiempo determinado, se comprueba que el total así obtenido no es una simple suma de unidades independiente o colección; por el contrario, es un hecho nuevo y *sui generis* que tiene su unidad e individualidad y, como consecuencia, su naturaleza propia que básicamente es de índole social y muestra que cada sociedad tiene en determinado momento de su historia una aptitud para el suicidio o tasa de mortalidad-suicidio propia de cada sociedad considerada en conjunto. La permanencia y variabilidad del suicidio en una sociedad muestra que cada sociedad está predispuesta a producir un contingente determinado de muertes por suicidio que refleja la dinámica que existe en esa sociedad pero que no es tan evidente para sus integrantes.

Antes de continuar, cabe señalar que las dos definiciones anteriores (la de Desfontaines y la de Durkheim) dejan a un lado la actitud pasiva, que también es considerada una forma de comportamiento muy relacionada con la idea de agresividad pasiva, aquella en la cual el individuo se niega a participar o corresponder a las atenciones de otros; la negativa a corresponder se manifiesta en una depresión intensa, en un rechazo a la aceptación afectiva, la persona puede expresar explícitamente su deseo de morir y que lo dejen en paz, hay una actitud de dejar pasar todo (dejar de comer, de atenderse, de asearse, de salir) que termina por causar un deterioro orgánico generalizado que puede terminar con la muerte. Esto lo sabe la persona, pero no necesariamente reconoce cómo afecta a los otros que lo rodean, ni es una cualidad del suicidio incluida en su definición. Hay actitudes suicidas y no solamente actos e ideas suicidas.

Durkheim propone cuatro tipos de suicidio clasificados en dos conjuntos: uno caracterizado por la integración y otro por la regulación. En el caso de la primera categoría está el suicidio egoísta, que ocurre cuando el sujeto se siente enojado con la sociedad y tiene pocos lazos, si los tiene, que lo unan con algún grupo; generalmente se da entre solitarios, solteros y desempleados. A su vez, el suicidio altruista lo cometen personas que toman como propios ciertos valores sociales a tal grado que sacrifican su vida por ellos y no les importa perder su identidad.

En la segunda categoría se encuentran el suicidio anómico y el fatalista. El primero de ellos se presenta en situaciones de crisis provocadas por la sensación de desajuste social causado por las desviaciones de la normatividad, mientras que el segundo es propio de personas que piensan que su situación es inmutable y con pocas posibilidades de influir en ella. Durante mucho tiempo se utilizó esta clasificación como una línea de orientación en la investigación del suicidio, pero pronto habría nuevos estudios.

Otra manera de definir el suicidio también la plantean Blazer y Koening (1996): es la terminación voluntaria de la propia vida a partir de una forma de conducta y no como una enfermedad. Muchas veces la conducta se puede encontrar asociada a desórdenes mentales.

Al iniciar el estudio del suicidio, nos ha llamado la atención reconocer que solemos responder a una primera imagen sobre el suicidio que no siempre corresponde a su realidad; podemos verlo como algo grave que requiere ser atendido y, por lo menos en su vida cotidiana, la gente suele expresar una idea de sorpresa y cierta preocupación. Pocas veces damos lugar a la idea de reconocer el derecho a suicidarse, de asumir un acto tan personal al mismo tiempo que confrontante.

Tan preocupante es que alguien se suicide como qué le sucede a quien sobrevive o a quienes lo rodean. Tras esta reacción podemos ver lo que Stolsenberg (1990) llamó la *trampa del razonamiento*: hemos confundido el concepto con el acto u objeto y no nos percatamos de ello; es decir, no nos hemos puesto a pensar a qué nos lleva el retomar la idea de suicidio, asumiéndola en la forma como lo hemos definido, sin cuestionar si hay otros modos de morir elegidos por uno mismo y que también podrían ser repensadas como una manera de suicidio.

Tras la idea que tenemos del suicidio está una concepción predominantemente filosófica, clínica o estadística del fenómeno. No reconocemos los recursos que diferentes sociedades tienen para proteger a sus integrantes de cometer suicidio. A lo largo de los años no he encontrado un documento que oriente acerca de los recursos con que cuenta una sociedad o comunidad que sirven de soporte y protección contra el suicidio; tan importante es investigar los factores que favorecen el suicidio como los que lo disminuyen o evitan.

La palabra *suicidio* tiene una connotación negativa que suele ir orientada a las acciones de un individuo o un grupo de individuos que se suicidaron en un tiempo o lugar definido. Cuando escuchamos que alguien se suicidó, lo primero que pensamos es qué le pasó, por qué lo hizo; no pensamos qué hemos hecho (o qué tenemos) como sociedad o comunidad que ha permitido que alguien optara por esa vía. Esto no quita la responsabilidad individual de quien se suicida, sino simplemente nos permite pensar en el suicidio de otra forma. Al reconocer el suicidio como acto individual (o incluso colectivo) quitamos a la sociedad el reconocimiento de su responsabilidad y de la naturaleza de lo que en ella ocurre previamente a la presencia del suicidio de alguno de sus integrantes. El reconocimiento de una tasa de suicidios más o menos regular en una sociedad muestra que los procesos psicosociales han gestado las posibilidades de riesgo suicida desde hace tiempo, de manera que no son sorpresivos o inesperados, sino que toman su tiempo y su forma y se consolidan cuando algunos de sus integrantes atentan contra su vida. Pero ¿cómo debemos entender aquellos actos de tipo terrorista que hoy en día han sonado tanto y en los cuales los terroristas mueren por su voluntad pero con otras intenciones que no son causar solamente su muerte?, ¿cuál es la frontera entre sacrificio personal y suicidio?, ¿podemos entender como una forma de suicidio aquellos actos en los cuales un grupo armado con instrumentos de utilería se enfrenta a un ejército con armamento real, y muestra al mundo que son necesarios los límites de respeto entre grupos étnicos e indígenas con derecho a vivir respetando su cultura?

Cuando algún fenómeno social se presenta en una sociedad o comunidad debemos reconocer que existe una historia o una tendencia que le dio lugar. Las apariencias son engañosas y se requiere cierta apertura de esquemas para cambiar puntos de referencia en la comprensión del suicidio. Hemos caído en una tendencia por recolectar, comparar, relacionar, identificar y/o agrupar los determinantes del suicidio y le hemos dado el carácter de científico pero sin cambiar nada que afecte al suicidio. No hemos podido desarrollar alternativas viables para atenderlo y carecemos de políticas de salud y seguridad social que brinden cobertura a las demandas generadas por la presencia del suicidio.

Los proyectos de investigación sobre el suicidio que se han realizado desde las universidades han quedado en eso: en ser simplemente proyectos, pero no se han transformado en programas de intervención social y no institucional clínica u hospitalaria. No hay una política académica de investigación dirigida a incidir en la sociedad, la comunidad o los grupos con alto riesgo suicida. Desafortunadamente, los proyectos sólo se han dirigido a satisfacer una curiosidad personal de los investigadores, quienes, en el mejor de los casos, sólo atienden a los suicidas en sus consultorios, sin asumir un compromiso de intervención y cambio social para la prevención del suicidio.

¿Por qué prevenir el suicidio?

La muerte voluntaria es una elección intrínseca a la existencia humana. Uno de los principales planteamientos de Szasz (2002) es que debemos hablar del suicidio con claridad y tranquilidad, haciendo la diferencia entre hechos y juicios de valor. El suicidio es un tema tal que ni el Estado, mediante el ejercicio de las leyes y la práctica médica, se ha definido con claridad al respecto. Vivimos en una condición tal que el ejercicio del control de la natalidad es importante para los jóvenes y el control de la muerte lo es para los ancianos y algunos enfermos.

Como individuos podemos elegir entre morir activamente o de forma pasiva por enfermedad o vejez. Pero como sociedad podemos elegir entre dejar a la gente morir como ella decida o podemos imponerle la ética dominante que señala cuáles son las condiciones aceptables para la muerte. Esa ética ha señalado en diferentes momentos cómo asumir el suicidio; Szasz señala que en un principio era un pecado, luego un crimen y posteriormente una enfermedad mental, sin embargo, dados los acontecimientos contemporáneos (de terrorismo y sectas) podemos ver al suicidio como una forma de heroísmo, protesta o modelo de conducta. Esto lleva a pensar en el suicidio como un acto ejemplar y quizá como modelo a seguir, dándole un halo de aceptación y reconocimiento que no tenía.

Szasz considera que durante mucho tiempo el suicidio fue una materia reservada a los sacerdotes y la Iglesia. Actualmente es un tema del Estado y los médicos, pero en el futuro el suicidio será una elección individual en la que no tomaremos en cuenta lo dicho en la *Biblia*, la Constitución o la medicina. Dicho autor plantea que tenemos un problema de lenguaje al hablar del suicidio; para cuando se ha matado a otros tenemos diferentes palabras (deceso, muerte, fallecimiento, finalización y homicidio), pero cuando una persona se ha matado a sí misma solamente tenemos una palabra: *suicidio*, en la que están planteadas dos ideas muy diferentes; por un lado, con ella describimos una forma de morir quitándose la vida voluntaria y deliberadamente y, por otro, expresa una condena por la acción, en cuyo caso el suicidio es calificado como pecaminoso, criminal, irracional y con otras expresiones que lo presentan como algo malo.

Lo anterior lleva a Szasz a hacer una serie de preguntas que podrían implicar suicidio en alguna forma, como las siguientes:

- ¿Cometen una forma de suicidio las personas que están en huelga de hambre o son anoréxicas y rehúsan todo tipo de alimento?
- ¿Es un modo de suicidarse rechazar la hemodiálisis y otras formas de tratamiento que permiten continuar con vida a un paciente?
- ¿Puede ser considerado suicidio la intervención por la cual un médico mata a un paciente con el consentimiento de éste y que llamamos *eutanasia voluntaria*?
- Si el suicidio no es legal, ¿cómo debería castigarse?
- ¿Es el suicidio un derecho fundamental?

También podríamos plantear otras preguntas, como las que siguen:

- ¿Ante qué condiciones se justificaría cometer suicidio?
- ¿Deberían ser sancionados los involucrados en el suicidio?
- ¿Puede ser valorado de la misma forma el suicidio de un menor en comparación con el suicidio cometido por un adulto o un anciano?
- ¿Realmente puede considerarse el suicidio la resultante de un estilo de vida?

David Daule (citado en Szasz) señala que el término *suicidio* surgió como un modo de evitar las referencias incriminatorias del vocablo *ase-*

sinato. El sustantivo *suicidio*, igual que el de *mente*, es una invención occidental del siglo XVII; el cambio cultural asociado a estas dos expresiones llevó de percibir la muerte voluntaria como una acción de la cual la persona es responsable a un acto del cual ya no lo es. Se pasó de ver a la gente de poseedora de un alma y libre albedrío a verla como poseedora de una mente que puede enfermarse y desequilibrarse, impidiendo la toma libre de decisiones.

Szasz plantea que la transformación del alma en mente y del auto-asesinato en suicidio señala el inicio de un cambio ideológico en el cual muchas cuestiones del campo de la religión pasaban a ser parte del campo de la medicina y de la ciencia. Pero esto llevó a ver que la percepción de la muerte voluntaria como un suceso no deseado, como si fuera una enfermedad, tiene dos consecuencias: por un lado, lleva a que las personas que han intentado suicidarse, pero fallaron, sean vistas como aquellas con problemas psiquiátricos y se les califique de alguna forma con el argumento de que así se les diagnosticó; por otro, la muerte de una persona que se suicidó mientras estaba recluida convierte a los cuidadores en los culpables de su muerte.

Debemos tener cuidado de las implicaciones del uso del lenguaje en el tratamiento y atención de la depresión y el suicidio. El lenguaje es un recurso engañoso que lleva a confundir al objeto con el concepto. Las palabras que terminan con el sufijo *cidio* implícitamente se asumen con actos social y moralmente reprobables, como el matricidio, el fratricidio, el parricidio, el homicidio, etc. El suicidio no está exento de esta connotación. No es lo mismo que se suicide un anciano enfermo de cáncer en fase terminal a que se suicide un joven como un acto de protesta social.

Ante un caso de suicidio cabe preguntarnos si realmente deseaba morir. Es válido preguntarnos si la muerte era el objetivo o sólo un medio para algo, que generalmente sería evitar la culpa, el castigo, el deshonor, la lástima, la dependencia o el sufrimiento, o llevaría a causar un castigo o agresión contra algo o alguien.

Para Szasz, el suicidio es un problema moral, y resulta obligado que así sea por referirse a la muerte de un ser humano; pero también se le puede tratar como otras formas de muerte y se requiere examinar el contexto, los motivos y las consecuencias; además, se requiere conocer a los afectados en diferente grado. Asumir que el suicidio es una "tragedia innecesaria" implica negar su inexorable realidad y legitimidad.

En la naturaleza no hay nada que sobre y en ella se encuentran especies animales que tienen diferentes formas de conducta suicida, de modo que cabe preguntar: ¿qué función tiene el suicidio en la naturaleza? Por muy sociales, históricos o culturales que seamos los humanos, la naturaleza sigue estando presente y reclama ser tomada en cuenta, pero aquella en la que pensamos no es una naturaleza solamente biológica sino una que incluye la dimensión psicológica e inconsciente que por el momento no podemos desarrollar dada la finalidad de este documento. El suicidio es una forma de mensaje que lleva a problemas éticos y políticos. Atribuirle una enfermedad mental lleva a poner al suicida en el ámbito del control médico y social.

Hoy en día la idea que tenemos del suicidio es un concepto confuso que combina el pecado, la enfermedad, la irracionalidad, la irresponsabilidad, el prejuicio y la locura. Definir o plantear el suicidio como un problema generalmente lleva a tratarlo como una enfermedad y limita su comprensión y las opciones para abordarlo seriamente. Entre otras cosas, el suicidio también es una protección frente a un destino peor que la muerte o que el seguir viviendo. Szasz piensa que es una falacia atribuir el suicidio a las condiciones actuales del sujeto, sea depresión, enfermedad o sufrimiento. De hecho, quitarse la vida también es una acción orientada al futuro, una anticipación, una red de seguridad existencial. El suicidio es como un freno de emergencia personal.

El tema del suicidio lleva a tratar el de la muerte natural y la no natural. Esto sería un truco semántico para diferenciar entre dos clases de muerte: una como una muerte por una razón médicamente indeseable y la otra por una razón moralmente indeseable; una sería provocada por una enfermedad y la otra causada por un asesinato. Sin embargo, la expresión "no natural" lleva a pensar en el suicidio como un acto anormal independientemente de las circunstancias. Solemos ver al suicida como una víctima independientemente de sus actos. Szasz menciona que si revisamos la historia, podremos percatarnos de que el acto suicida no ha cambiado; más bien, nosotros hemos cambiado en organización social o en actitud psicológica.

El estigma asociado al comportamiento suicida de una persona no puede ser eliminado simplemente con cambiar el vocabulario y utilizar otros conceptos. En parte, éste es un factor que permitiría entender algunas de las razones para que haya suicidio colectivo de tipo ritual o sacrificio político, cuyos integrantes suelen justificar su conducta como un sacrificio y no como un suicidio.

Utilizaremos la palabra *suicidio* para designar la acción de una persona por quitarse la vida de forma voluntaria y deliberada, ya sea de manera directa o rechazando un tratamiento necesario para mantener la propia vida de modo evidentemente activo o asumiendo una actitud pasiva. Parafraseando a Szasz, el suicidio es cualquier forma de conducta motivada por una tendencia a la muerte sobre la vida que tiene como consecuencia inmediata o un breve tiempo después el cese de la existencia.

Todos los días hay acontecimientos penosos, trágicos y angustiosos que pueden hacer que una persona considere o elija el suicidio como una forma de solución o escape a sus problemas, pero no serán la causa del suicidio. Todos los días hay muchas personas víctimas de la enfermedad y problemas económicos, familiares o de violencia, pero solamente un pequeño grupo de ellas termina por suicidarse. Esto nos hace pensar en que el suicidio es una decisión. Debemos distinguir entre la gran variedad de circunstancias en las cuales la gente se quita la vida y las múltiples razones por lo cual lo hace y también por lo cual no lo hace. Deberíamos aceptar el control de la propia muerte como una responsabilidad y decisión personal.

Panorama del comportamiento suicida: tipos de suicidio, características y tendencias

Naturaleza del suicidio

Mar Zúñiga (1998) comenta que el suicidio no necesariamente es considerado el acto de un psicótico, pero piensa que en el momento del acto suicida hay un quiebre psicótico. El suicidio es el resultado de una conducta psicopatológica que puede ser catalogada como un fracaso adaptativo, a diferencia de otras conductas neuróticas. El acto suicida se realiza en medio de una crisis, en la cual los trastornos emocionales condujeron al individuo a un grado tal de restricción cognoscitiva que no encuentra mejores soluciones. Zúñiga plantea la pregunta siguiente: ¿qué hacer frente a una persona que se ha infligido a sí misma lesiones de cualquier índole para quitarse la vida? Aclara que es poco frecuente realizar otro acto suicida inmediatamente después de un intento fallido; más bien, lo común es que disminuya la ideación suicida y la depresión; la técnica de la psicoterapia del intento suicida que corresponde es la psicoterapia breve y de emergencia. Así, desde el punto de vista psicoterapéutico es útil que el suicida nos relate los planes suicidas que tenía, qué pensaba de lo que iban a sufrir sus parientes por su muerte, los comentarios de sus compañeros y conocidos y otros comentarios más. Recordemos que el suicida no solamente se mata a sí mismo, sino que, en su fantasía, también mata a figuras malas introyectadas en algún momento de su vida; con su muerte destruye algo malo o dañino que se encuentra en él.

En la conducta suicida existen tres formas de realizarla: el gesto suicida, el intento suicida y el suicidio. El gesto suicida es la conducta mediante la cual se ingieren sustancias o se producen lesiones que no son letales en sí mismas, pero que tienen el propósito de manipular a otros. El intento suicida es el acto realizado con la intención de producirse la muerte a sí mismo pero que no se logra porque lo hecho no fue suficientemente letal o porque la ayuda oportuna evitó la muerte. El suicidio consumado es la resultante de haber llegado al punto de no retorno en el cual se logra la muerte por la misma acción o por no habérsele atendido a tiempo.

Debemos considerar que la intención de quitarse la vida es un acto realizado con un sentimiento indiscutible de ambivalencia por quitarse la vida, pero en el cual la conducta es auténtica.

Razones del suicidio

Cualquiera que sea la manifestación del suicidio, éste siempre ocurre en un acto personal e individual (aun aquellos casos colectivos, como los de algunas sectas) que también refleja las condiciones del escenario en que acontece. Los diferentes factores que conforman el escenario del suicida confluyen en un punto llamado *estructura psicológica*, que, si bien puede ser funcional durante muchos años, también puede tener elementos que afloren en condiciones críticas que desemboquen en acciones de autodestrucción extremas. Para entender por qué se suicida la gente debemos diferenciar entre condiciones que son de riesgo y aquellas que son las detonantes o precipitantes del suicidio.

Los factores condicionantes son el conjunto de condiciones que a lo largo de la vida han participado en el desarrollo de la persona al distorsionar, debilitar o disminuir la fuerza de su estructura psicológica y patrones adaptativos; se toman en cuenta la condición en que nació, los antecedentes familiares y de salud, los momentos históricos y sociales y las condiciones económicas presentadas, entre otros factores. Los factores precipitantes son aquellas condiciones que en un momento dado llevan al acto suicida o suicidio consumado. Según Reyes Zubiria (1999), algunas condiciones que pueden inducir al suicidio son:

- Problemas sexuales bien definidos.
- Un gran problema en las relaciones padre-madre, con el suicida en potencia, por las que uno de los dos le impuso su personalidad.
- Un yo débil, en algunos incluso con psicosis declarada.
- Un problema de adicción.
- Fuerte desesperanza en momentos clave de la vida del suicida.
- Presentimiento de la propia muerte, anuncio y provocación.

Generalmente estas condiciones no se presentan por separado, y en los casos de suicidio son tan comunes que, consideradas en el nivel macro, aparece un patrón que permite considerar al suicidio una conducta social.

No es posible responder aquí la pregunta ¿por qué se suicida la gente? De hecho, la respuesta no puede ser permanente ni acabada, sino que tendrá que actualizarse según las épocas y condiciones. Por eso lo más adecuado sería sugerir que la respuesta incluya, entre otras cuestiones, las siguientes:

- Una aproximación interdisciplinaria y transdisciplinaria al estudio del suicidio.
- Un análisis actualizado de las condiciones pasadas, presentes y futuras en las que se pueda presentar el suicidio.
- El papel e influencia de los medios de comunicación en la difusión de modelos suicidas y de comportamientos de alto riesgo.
- Considerar la condición íntima, particular y personal de cada acto suicida y suicidio consumado.
- Reconsiderar las fuerzas psicológicas que llevan a una persona a terminar con su vida.

Suicidio colectivo

Jorge Erdely (2002) escribió un documento sobre suicidio colectivo que señala algunas implicaciones que puede tener la apertura, formación y reconocimiento de diferentes grupos tanto políticos como religiosos.

Algo que llama la atención y que contrasta con lo propuesto por Thomas Szasz es señalar que los suicidios colectivos son un fenómeno relativamente reciente y que cada día serán tanto focos de riesgo como promotores de riesgo suicida cuando se desborden los límites entre prácticas de las creencias políticas o religiosas y el fanatismo.

Erdely plantea que el suicidio colectivo como rito es un fenómeno religioso de reciente aparición que se incrementó a fines del siglo XX. Fue evidente a partir de los atentados terroristas promovidos por diferentes sectas y hay pocas investigaciones que intenten explicar las causas de este fenómeno.

Por su complejidad y la forma como ha ocurrido el suicidio colectivo por motivos religiosos se ha planteado una confusión entre suicidio colectivo u homicidio. Aparentemente las personas eligen con libertad el participar o no en estos actos; pero si fuera así, morir sería un acto de elección, aunque un análisis psicológico del contexto pone en evidencia una forma de relación personal entre los integrantes del grupo entre sí y con su líder. La relación social y los vínculos que se tienen proporcionan un marco distinto al del suicidio individual o de parejas. En el caso de la muerte de integrantes de una secta que intenta un suicidio colectivo también se presentan muertes por violencia de algunos de sus miembros; son muertes provocadas por otros, no por la mano del sujeto.

La prensa médica especializada informa que la primera causa del suicidio es la depresión clínica, pero este criterio solamente sería válido en el caso del suicidio individual. A nivel de colectividad, el criterio se debilita pues no es posible considerar depresivos a muchos de los suicidas de las Guyanas, el Movimiento para la Restauración de los Diez Mandamientos en Uganda, la Verdad Suprema, la Orden del Templo Solar, la Puerta del Cielo, el caso de Waco, Texas, y otras más. Estos suicidios colectivos no encuadran dentro de los esquemas clásicos utilizados para estudiar las conductas suicidas comunes. Estamos ante un comportamiento de colectividades de la era posmoderna que no es exclusivo de un nivel de desarrollo social.

En diferentes sistemas de creencias y en distintas épocas ha habido suicidios individuales que involucran motivaciones religiosas. Al definir el fenómeno del suicidio se deben hacer las correspondientes distinciones de aquellos actos en los que arriesgamos la vida en el cumplimiento de un deber religioso. Por ejemplo, en el caso de los misioneros, la muerte no es buscada como un fin sino que es una resultante de los riesgos de actuar siguiendo las convicciones propias. Para Erdely, en esta categoría podemos incluir a los defensores de derechos humanos, activistas políticos e incluso deportistas de alto riesgo. Estas personas no buscan la muerte, sino que esperan escapar de ella. Correr riesgos no es lo mismo que terminar con la propia existencia y siempre hay la esperanza de lograr el objetivo. Por el contrario, el suicidio siempre implica una acción dirigida a terminar con la propia vida.

El término *suicidio colectivo ritual* (SCR) es adecuado para referirse a los suicidios masivos que tienen una motivación predominantemente religiosa. Erdely define como SCR a aquellos casos en los cuales "el suicidio es practicado y aceptado por los participantes de una organización religiosa como un rito esencial incorporado en su sistema de creencias" (pág. 29).

El SCR no tiene antecedentes históricos como comportamiento social, es independiente del estrato socioeconómico y cultural de los participantes, involucra tanto a hombres como a mujeres y niños y no depende de razas, religiones, escolaridad, edad y nivel intelectual.

Según Erdely, generalmente tras los suicidios colectivos rituales se encuentran tres elementos indispensables para consumar los hechos:

- Un líder mesiánico en el sentido más restrictivo.
- Una colectividad de personas dispuestas a obedecer a ese líder en forma ciega e incondicional.
- Un hecho desencadenante.

Entre los dos primeros elementos podríamos incluir uno más y el esquema quedaría así:

- Un líder mesiánico como máxima autoridad.
- Una colectividad de obediencia incondicional al líder.

- Una actitud justificadora de comportamientos incongruentes y/o bizarros.
- Un hecho desencadenante.

1. *Un líder mesiánico como máxima autoridad.* Erdely escribe que la palabra *Mesías* proviene del hebreo y significa "aquel sobre el que es derramado aceite". El concepto tiene una antigüedad de 3 000 años y un triple significado. El primero es que hay una misión o encomienda divina por cumplir específicamente. El segundo es que la persona se considera específicamente señalada o favorecida por Dios para dicha tarea. El tercero es que para esa misión estamos apartados, en un sentido ritual, de los demás seres humanos.

Con el tiempo, la persona que reunía estas cualidades sería considerada de origen divino o Dios en persona o el gobernante en el ámbito político; prácticamente en todos los suicidios colectivos rituales y en muchos casos de terrorismo sectario, la primera constante observable es la existencia de un líder mesiánico. Erdely resume las características de un líder mesiánico en los puntos siguientes:

- Es una persona especial.
- Una visión o tarea divinamente encomendada para este mundo.
- Especialmente elegido entre otros para llevarla a cabo.
- La misión es redentora, salvadora y abarca el ámbito espiritual y material (la otra vida, la sociedad y la política).
- Es exclusivista, pues nadie más puede realizarla.
- Se es un ser humano considerado divino.
- Tiene poderes sobrenaturales para curar, perdonar, salvar, y vivir eternamente u otros.
- Su existencia y actividades son indispensables.
- Generalmente fue incomprendido.
- Fue injustamente perseguido.

2. *Una colectividad de obediencia incondicional al líder.* El segundo factor para que suceda un SRC es la existencia de una colectividad dispuesta a obedecer de forma incondicional a su líder político o religioso. La obediencia incondicional es definida como una disposición continua y acrítica en la que la comunidad está dispuesta a someterse a los dictados de su liderazgo, independientemente de la naturaleza del contenido de éstos. Puede haber otras formas de obediencia como la

acrítica y automática, categorías en las que dichas formas de obediencia son consideradas indicadores de diferentes formas de psicopatología.

La obediencia incondicional y un líder religioso que fomenta el fanatismo suelen estar presentes en todos los casos de SCR. Según Erdely, cada vez que encontremos presente esta relación podemos darnos una idea de la potencialidad suicida que se estaría gestando. Él escribe que la potencialidad en estos casos se define como un indicador de que las condiciones están dadas para que el suicidio colectivo pueda suceder, pero debemos cuidarnos de no confundir potencialidad con predicción. En este marco de referencia, la prevención del SCR se sustentaría más en el reconocimiento de la potencialidad que en la predicción. El reconocimiento de la potencialidad es la principal ayuda para anticipar futuros escenarios de las posibilidades suicidas.

Cabe señalar que en el caso de la obediencia hay muchas formas de inducirla a partir de estrategias cotidianas de convivencia que incluyen actividades de la vida diaria, organización de las relaciones humanas, control de los componentes de la alimentación y del acceso a la información entre otros muchos elementos que sería largo enumerar en este texto pues no es su finalidad. Sin embargo, es importante que el lector lo tome en cuenta, porque el campo del estudio de las sectas es engañosamente simple.

3. *Una actitud justificadora de comportamientos incongruentes y/o bizarros.* Independientemente de su orientación, el líder suele tener un comportamiento bizarro, extraño o con claras muestras de antisocial, y a menudo es capaz de redefinir la lógica de las situaciones, por absurda que parezca su propuesta. Sin embargo, los seguidores suelen justificar, avalar y fomentar dichas formas de comportamiento, e incluso parecen necesitarlo y vivir para ello. Por su parte, el líder tiene una enorme libertad para decidir sobre la vida de sus seguidores, sobre si viven o mueren, sobre su sexualidad e intimidad, sobre los proyectos de vida, sobre su rol social y mucho más.

4. *Un hecho desencadenante.* Que se consume el acto suicida dependerá de que exista un hecho desencadenante, el cual consistirá en una indicación dada por el líder ante una experiencia mística, una confrontación real o imaginaria con la sociedad, un evento crítico de la naturaleza o cualquier otro indicador que tenga sentido para la colectividad a partir de las propuestas o indicaciones del líder. El hecho desencadenante puede suceder después de años de formado el grupo.

En Guadalajara, México, algunos integrantes de La Luz del Mundo han declarado estar dispuestos a suicidarse en caso de que se los pidiera su máximo líder. Esto debería ser una señal de aviso.

La obediencia incondicional suele ser puesta a prueba gradualmente. Los SCR son el resultado de un proceso y hay patrones de comportamiento claramente identificables que pueden indicar el grado de avance de dicho proceso. Un ejemplo de estos indicadores son las acciones que atentan contra la integridad, la dignidad y la responsabilidad de sus integrantes, el cambio de valores de la cultura de origen y, en algunos casos, el comportamiento ambiguo de los integrantes del grupo.

En la terminología psiquiátrica existen categorías diagnósticas para identificar (algunos dirían para clasificar) a los líderes de grupos religiosos o políticos. Algunos tienen la característica de pérdida de contacto con la realidad y otros se caracterizan por una sociopatía que los aparta del sentido de lo humano. Cualquiera que sea el rasgo predominante de los líderes, debemos evitar la tentación de reducir a un psicologismo clínico y patologizar el comportamiento tanto de líderes como de seguidores. Algo pasa en el proceso psicohistórico de la sociedad contemporánea que ha permitido la presencia de este tipo de sucesos. Tan importante es el estudio de las condiciones que lo favorecen como el estudio de los factores o actitudes que inducen a pasarlos por alto. No solamente es necesario reconocer qué causa el suicidio colectivo, sino también se requiere estudiar las razones que nos han llevado a permitirlo y a tolerar ese tipo de organizaciones justificándolas en un marco de libertad política y religiosa (incluso comercial) sin reconocer las agresiones que a veces hay tras ellas.

Partimos de la base de que el suicidio no puede prevenirse, sino sólo podemos clasificar a determinadas personas o situaciones en la carpeta de "alto riesgo", pero su escasa prevención despertará en familiares y amigos sentimientos de culpa u hostilidad.

Conductas autodestructivas en el ser humano

El ser humano a menudo lleva a cabo acciones autodestructivas, como fumar, beber en exceso o practicar deportes de riesgo pero la intención habitualmente no es acabar con la propia vida, sino experimentar determinado placer.

Cuando una persona tiene una intención de suicidio no busca el deleite, sino acabar con el sufrimiento porque su visión de túnel no permite ver otras posibles salidas.

La terminología suicida más conocida es la siguiente:

- *Suicidio consumado*: conducta autodestructiva y autoinfringida que acaba con la muerte de la persona que lo lleva a cabo.
- *Suicidio frustrado*: suicidio que no llega a consumarse porque un imprevisto (algo con lo que no contaba el sujeto) lo interrumpe.
- *Intento de suicidio*: daño autoinfligido, con diferente grado de intención de morir y de lesiones.
- *Ideación suicida*: pauta de afrontar los problemas que tiene cada persona, considerando la posibilidad de matarse así mismo.
- *Gesto suicida*: amenaza con hechos sobre una conducta autodestructiva que se llevará a cabo. Suele estar cargada con simbolismos.
- *Amenaza suicida*: amenaza verbal con expresiones autodestructivas.
- *Equivalentes suicidas*: automutilaciones que puede hacerse una persona y que pueden poner en riesgo su vida.
- *Suicidio colectivo*: la conducta autodestructiva la llevan a cabo varias personas a la vez. En este tipo de suicidios, lo normal es que una persona del grupo sea la inductora y el resto los dependientes.
- *Suicidio oculto*: actitud pasiva que se asume con la intención, reconocida o no, de terminar con la propia vida de una manera vedada.
- *Suicidio racional*: tras una larga enfermedad (por ejemplo, incapacitante), una persona llega a la conclusión de que lo mejor que puede hacer es suicidarse.

Debemos diferenciar las tentativas de suicidio de los suicidios consumados; las primeras suelen ser llamadas de atención, pero hay que controlarlas muy de cerca porque dichas tentativas suelen repetirse con bastante asiduidad durante las primeras semanas que siguen a la tentativa y existe el riesgo finalmente de consumarlo.

Para realizar un trabajo orientado a la atención de los suicidas, Sneiman propone retomar algunos lineamientos como los siguientes:

- El suicidio es la búsqueda de solución a un problema que genera sufrimiento.
- Es una manera de cesar la conciencia, no necesariamente la vida.

- El dolor que no controlamos es un riesgo de suicidio para acabar con ese dolor incontrolable.
- Para el suicida, el acto siempre es lógico.
- La emoción del suicidio es la desesperanza y el desamparo.
- Su actitud es la ambivalencia: vivir y morir a la vez, pero uno de los sentimientos surge con más fuerza.
- El estado cognitivo es la "visión de túnel" antes nombrada.
- El suicidio es un acto de comunicación interpersonal con "pistas" a modo de señales que ha ido dejando el ejecutor.

Una mirada a algunos factores de riesgo para el suicidio

Antes podíamos decir que la mayor proporción de suicidios consumados era a partir de los 65 años, pero ahora la tasa de suicidio juvenil se ha incrementado considerablemente entre los 13 y los 25 años. El desencadenante más frecuente de tentativa de suicidio es el fracaso en la relación amorosa y algún padecimiento con sintomatología de trastorno mental.

Esquemáticamente planteada, la frecuencia con que predomina un padecimiento psiquiátrico podemos enmarcarla en lo siguiente:

a. La enfermedad psiquiátrica con más riesgo es la depresión. Los momentos con más riesgo son aquellos en que disminuye la inhibición y la melancolía, es decir, el paciente deprimido parece empezar a mejorar, o cuando inicia el cuadro depresivo y todavía no nos hemos enterado. Los tres síntomas de la depresión relacionados con el suicidio son: insomnio, abandono del cuidado personal y deterioro cognitivo.
b. La segunda enfermedad con mayor riesgo es la esquizofrenia.
c. La tercera es el abuso de sustancias (alcohol y otras toxicomanías).

La ausencia de *live motiv* lleva más al suicidio que los acontecimientos de la vida que sólo se relacionarían con intentos. Las situaciones de cambio, ruptura y desarraigo son también factores de riesgo suicida, como lo veremos más adelante.

Cuando una sociedad cuenta con integrantes que pueden expresar en palabras o por escrito algunas ideas que trastocan el sentir común respecto de cualquier tema (en nuestro caso el suicidio), asistimos al proceso de cambio psicológico de la sociedad que le permite tomar abiertamente cartas en el asunto. Es posible pensar, proponer y discutir y ya no es necesario esconder o evitar hablar de la muerte, el suicidio o cualquier otro tema. No es casualidad que los conceptos de muerte, depresión, suicidio u otros aparezcan en diferentes lugares, momentos y épocas; cuando surgen es que ya se tiene reconocida su presencia.

Como lo señala Szasz, asumir la muerte voluntaria como un suceso no deseado, incluso asumirlo como enfermedad, tiene dos consecuencias importantes:

a. Las personas que fallan en su intento por suicidarse sistemáticamente son diagnosticadas como deprimidas y se tiende a privarlas de su libertad internándolas en algún hospital psiquiátrico.
b. La muerte de una persona que se suicida al estar en un hospital psiquiátrico (o de otro tipo) suele ser considerada autora de un acto ilegítimo, de modo que se convierte a la persona suicida en víctima y la ley puede culpar a los cuidadores.

Szasz señala que las palabras francesas y alemanas que definen al suicidio generalmente siguen una pauta que va del verbo fuerte al débil y pasa al sustantivo abstracto. El alemán es el único idioma occidental en el que existe una palabra para el suicidio noble que ha llegado a traducirse como "muerte libremente deseada", y esta expresión permite considerar al suicidio una posible muerte voluntaria, racional y honrosa.

El hecho de que las personas lleguen a matarse hoy en día nos ha llevado a tener que repensar lo que entendemos por suicidio. Actualmente la expresión "comportamiento suicida" ha ido ganando terreno, pues se le entiende, más que como una enfermedad, como una forma de comportamiento complejo favorecido por una combinación de factores. Abordar el suicidio como una enfermedad lleva a pensar en una serie de factores que lo causan y que no suelen ser los mismos que cuando lo pensamos como forma de comportamiento; esta diferencia conceptual tiene fuertes implicaciones para el tratamiento. Tal como lo señalan Reinares y colaboradores (2004), el término de comportamiento suicida incluye todo aquel acto realizado voluntariamente por una persona con la finalidad de terminar con su propia vida. Dicho término abarca un conjunto heterogéneo de actos que van desde el suicidio consumado hasta la amenaza o gesto que no ocasiona ninguna lesión al sujeto. Entre estos extremos del comportamiento suicida se sitúa el amplio grupo de formas de conducta que atentan contra la vida de la propia persona, sean de forma activa o pasiva, y que son propiciadas por una variedad de factores tales como: genéticos y biológicos, demográficos y sociales, antecedentes familiares, factores ambientales, rasgos de personalidad y estilos cognitivos, salud (incluidas adicciones) y antecedentes psiquiátricos, factores histórico-políticos, creencias filosóficas y religiosas, entre otros.

De todos los factores conocidos, el de problemas de salud por alguna forma de depresión es el que más se ha encontrado asociado al suicidio. Esto no quita el hecho de que existan otras formas de suicidio que no tienen un sustento en trastornos psiquiátricos como los suicidios rituales de algunos monjes budistas (o los samuráis en la historia de Japón), o el de suicidios por cuestiones políticas como el de Salvador Allende en Chile o el de los suicidas que atentan con bombas en actos terroristas.

Pensar en términos del comportamiento suicida facilita considerar formas de comportamiento que ponen en riesgo la vida de las personas. No se restringe al acto particular de atentar contra la propia vida; por el contrario, permite percibir y reconocer comportamientos que de diferente manera evidencian el deseo de morir de las personas. A veces se dejan llevar por la presión de otros, a veces se ven atrapadas en la inercia de instituciones como los hospitales y las casas hogar para ancianos; no son formas de conducta violenta, agresiva o destructiva, pero sí es dañina y termina con la muerte de la persona.

La cultura de la muerte y la violencia ha crecido cada día más. Hoy nos encontramos en una etapa en la que hemos visto la muerte y la violencia como algo casi sagrado; casi no hay programas en la televisión o películas que no incluyan alguna forma de violencia o de muerte y pareciera algo natural (que así debe ser). Esta presencia es tan fuerte que no sabemos cómo está moldeando la mentalidad de nuestros jóvenes y de nosotros mismos. La presencia de la muerte y la violencia en diferentes espacios sociales ha quedado incorporada en nuestras representaciones sociales; se presenta el hecho de morir como una alternativa viable, incluso más fuerte que el hecho de seguir viviendo. Esto también puede llevar a plantearnos otras fuentes de la depresión en la vida moderna.

Una idea que parece insistir en presentarse permanentemente consiste en enmarcar al suicidio en un ámbito clínico, psicopatológico y generalmente médico. A pesar de que varios elementos sugieren la necesidad de asumir el entendimiento del suicidio de otra forma, se tiende a caer en lo mismo.

Para hacer algo realmente trascendente en la atención al suicidio es requisito indispensable verlo en contexto. Cuando iniciamos el proyecto de investigación sobre suicidio en el INSaMe-DIF, el coordinador del proyecto y jefe del servicio de psiquiatría (el doctor Víctor Manuel Guiza) acordó con el director del servicio forense que colaboraríamos con él en el trabajo por realizar. Esto nos permitió ver desde adentro el proceso y sucesos que marcaban la atención a los familiares sobrevivientes del suicida y el análisis del caso del o suicida. En ese momento no fue posible desarrollar las propuestas, pero ahora las enunciamos como una posibilidad y son las siguientes:

1. *Educación*. Conjuntamente con lo dicho por diferentes investigadores, es necesario conocer tanto la historia educativa como el contexto educativo del suicida o de quien ha intentado suicidarse. Es el medio educativo en el que la mayoría de las personas comparten y construyen algunas relaciones significativas. En ese medio se socializan las ideas sobre la vida y la muerte, se siguen modelos y patrones de conducta, se sientan las bases para un proyecto de vida y se conocen a las personas que complementan nuestras redes sociales. No es extraño, sobre todo en jóvenes y adolescentes, que sus compañeros sean los últimos con quienes se habla y los primeros con quienes se comparten todos los deseos y preocupaciones; en nuestra práctica clínica era común encontrar esta opción entre jóvenes que habían intentado suicidarse.

2. *Evolución del medio social*. El grado de cambio de la propia comunidad es una buena muestra de las fuerzas sociales a las que se encuentra sometido el suicida. Esto fue muy claro en el caso de T.O., que analizaremos más adelante; ese caso mostraba cómo los cambios urbanos, ambientales y de convivencia habían cambiado tanto que obligaban a la familia a buscar otras formas de relación y sobrevivencia social.

3. *Concomitantes sociales.* El suicidio, a pesar de manifestarse en los actos individuales, no ocurre en aislado; ya Durkheim había señalado este punto: junto con el suicidio hay otros eventos sociales, y en nuestra experiencia fue percibir la presencia de sectas conocidas como los narcosatánicos, que tuvieron gran presencia en México hace algunos años. Otro caso diferente lo tenemos en el sureste del país, donde el suicidio ha ocurrido como nunca y parece haber indicios de que está asociado a una gran movilidad socio-familiar, producto de la industrialización de la zona, que genera un sentimiento de desarraigo o de abandono.

4. *Banalización de la muerte y el morir.* El predominio de una cultura desarraigada de la vida ha creado una enorme sobreprotección o una gran búsqueda del placer. Se ha perdido el respeto a la muerte y al morir, hemos generado una cultura en la que la muerte ha sido asumida como potencialmente reversible o deseable sobre la vida. Bien valdría la pena desarrollar una línea de investigación para averiguar cómo interviene la representación social de la muerte en los suicidas.

Es inútil maldecir a la suerte; para luchar se necesita saber cómo es el adversario, pues de lo contrario se ha perdido la batalla de antemano. Conocer el suicidio y todas las facetas que lo formen ayudará a abordarlo mejor y dar a la vida una segunda oportunidad.

Los componentes del suicidio, sus tendencias, estilos y manifestaciones seguirán cambiando tanto como cambien los estilos de vida en las diferentes sociedades. Hoy, para entender el suicidio, tendremos que dar paso a los medios electrónicos, así como al derecho a la libertad de creencias y de información. Quien se aventure un momento a navegar en la red encontrará varios casos de suicidas potenciales que comparten sus experiencias y de cómo lograron salir adelante.

capítulo 2

Métodos de investigación: avances y estrategias

Investigación del suicidio: métodos y epidemiología

Aparte de la Facultad de Psicología de la UNAM, uno de los centros más importantes del país en el cual se ha realizado investigación durante años sobre el tema del suicidio es el Instituto Nacional de Psiquiatría Ramón de la Fuente (INPRF). Uno de los pocos trabajos que han permitido actualizar la información acerca de suicidios en México es el realizado por Jiménez Tapia y González-Forteza (2003) en el que integran 25 años de investigación del suicidio llevada a cabo en la Dirección de Investigaciones Epidemiológicas y Psicosociales del INPRF. En ese documento reconocen que el suicidio es un problema multifactorial con un curso más o menos definido y con diferentes instancias y categorías de análisis. Una de las ideas que más destacan de su trabajo es señalar que los objetivos del suicida son diferentes de la pérdida de la vida como tal, pues la meta puede ser llamar la atención, acabar con el sufrimiento o vengarse de alguna figura de autoridad. En México, el suicidio es un problema de salud pública, ya que, según los registros de la Secretaría de Salud, las tasas de mortalidad por esta causa han aumentado en los últimos años y ha llegado a ser la cuarta causa de muerte entre la población joven.

Dichos investigadores hacen una revisión de los artículos centrados en la problemática suicida que han sido publicados durante los últimos 25 años por investigadores de la Dirección de Investigaciones Epidemiológicas y Psicosociales (DIEP). Sus resultados permiten una discusión que se enfoca en lo desarrollado hasta el momento y los aspectos del fenómeno que aún quedan por estudiarse. Al hacer una recopilación y análisis descriptivo de los artículos publicados por los investigadores de la DIEP, obtuvieron todos los documentos en que el suicidio, el intento de suicidio y la ideación suicida fueron considerados variables de interés. En cada caso retomaron el año, los autores, el título, el lugar donde se obtuvieron los datos, la temática, la población, el enfoque y las variables e instrumentos empleados.

Con la información recopilada elaboraron un cuadro de resumen en el que se destacan los grupos de autores formados en diferentes épocas, la temática suicida de la que más se ocuparon, el tipo de población hacia la cual centraron su interés, el énfasis primordial de sus escritos y la cantidad de publicaciones. Como el suicidio no es un asunto sencillo, los trabajos que lo abordan deben tener en cuenta la importancia de identificar, con la mayor amplitud posible, todas las circunstancias y aspectos relacionados con el suicidio. Los autores señalan que para los investigadores de la DIEP el tema del suicidio ha constituido una línea de investigación muy productiva en los últimos 25 años, aunque yo tomo con reserva esta opinión, pues la mayor parte de los trabajos se han centrado en análisis de casos, instrumentos y otros aspectos, pero no se retoman estudios sobre estrategias de atención o programas preventivos.

En la investigación realizada hasta el momento se han abordado las diferentes dimensiones implicadas en el suicidio; identificando cinco grupos de trabajo que se han ocupado del tema. El primer grupo ha trabajado desde 1980 en escenarios hospitalarios con población adulta en torno al suicidio consumado y al intento suicida. El segundo grupo se desarrolló entre 1991 y 1994 investigando la relación entre intento suicida y consumo de alcohol en población adulta en salas de urgencias y hospitales. El tercer grupo se desarrolló entre 1994-1995 y 1998 trabajando con adolescentes de secundaria y bachillerato e investigando el consumo de substancias; después trabajaron con población adulta y trastornos psiquiátricos en población en general. El cuarto grupo se enfocó a investigar el intento suicida y la ideación suicida entre adultos y adolescentes de la población en general durante los años 1995 y 2001. El quinto y último grupo que se ha identificado desde 1994 hasta la fecha centrando su interés en la problemática suicida del intento e ideación en adolescentes.

Se ha estudiado el suicidio consumado, el intento de suicidio y la ideación suicida en adultos y adolescentes, mujeres y hombres de población abierta y estudiantil. Aún queda pendiente el trabajo en poblaciones infantiles y en poblaciones ocultas como los indigentes, los adictos y otros.

Asimismo, sería importante incluir en los diseños la perspectiva de género como un elemento relevante que permita una explicación y una comprensión más completas de las semejanzas y diferencias entre hombres y mujeres, pero dados los cambios sociales que vivimos, también se puede incluir las diferencias regionales del país.

Algunas características de los suicidios e intentos suicidas en población mexicana

Las siguientes gráficas las tomaré para ilustrar una idea que ha venido planteándose en el estudio del suicidio y que he considerado a lo largo de este libro; compararemos la diferencia entre sexos pero también tomaremos los datos reportados por el INEGI según el censo para el año 2002 y compararemos la muerte por suicidio con la muerte violenta entre adolescentes y entre población anciana.

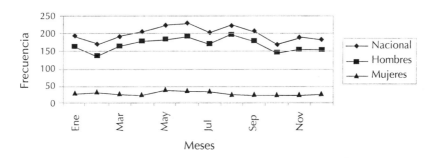

Figura 1. Suicidios por mes de ocurrencia y sexo del suicida, 1998.

La figura 1 muestra los datos correspondientes a la frecuencia de suicidios por mes, sexo y total reportados para 1998 en la República Mexicana. Febrero refleja un efecto de disminución de los casos de suicidio; en el período mayo-junio ocurre el mayor aumento de casos suicidas, agosto es el mes con mayor frecuencia de suicidios para los hombres, y los índices disminuyen a su nivel más bajo en octubre, noviembre y diciembre. Es importante señalar dos aspectos; uno es notar que hay una pequeña divergencia en los índices suicidas entre hombres y mujeres durante marzo a junio con 30 casos para mujeres y casi 160 para hombres; el otro es la disminución del índice de suicidios entre los hombres en el período de septiembre a octubre con 180 y 148 casos, respectivamente. Contrario a la idea popular de que los suicidios suceden principalmente en las fiestas navideñas, en la gráfica podemos ver que enero es un mes con el que inicia el año con un alto índice de suicidios, y son índices ligeramente superiores en comparación con los que termina 1998.

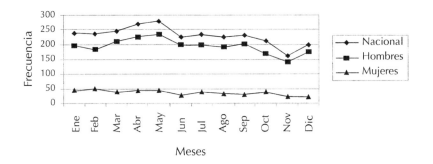

Figura 2. Suicidios por mes de ocurrencia y sexo del suicida, 2000.

La figura 2 muestra el suicidio por mes de ocurrencia y sexo del suicida en 2000 en la República Mexicana. Como podemos ver, las mujeres mantuvieron el nivel más bajo de suicidios a lo largo del año con un nivel máximo de 50 casos en febrero y un sentido inverso para los hombres; curiosamente fue un mes en que para los hombres hubo el menor índice de casos durante nueve meses de enero a septiembre. En noviembre se presentó el menor índice de suicidios en el año y se incrementó ligeramente durante diciembre, con un valor de casi 25 casos para las mujeres y de 175 para los hombres, con un valor total de 200 casos. Mayo es el que presenta el mayor índice en todo el año con un total de 278 casos, repuntando notablemente en el caso de los hombres. A partir de junio y hasta septiembre, la frecuencia de suicidios se mantiene en un nivel más o menos estable. En general hay un patrón más o menos simétrico para ambos sexos, pero con una notable diferencia en los casos reportados. Un punto interesante es la etapa de estabilidad entre junio a octubre, similar a los índices de diciembre.

Al igual que en 1998, en 2000 hay coincidencias en los índices del suicidio en febrero, mayo-junio y septiembre-octubre. Sin entrar en profundidades, dado que no es el sentido de este texto, simplemente invito al lector a pensar en la relación de febrero, mayo y noviembre en la cultura mexicana y en las fechas correspondientes en otras culturas. Por el momento lo único que planteo es que futuros investigadores puedan retomar lo aquí propuesto y exploren las implicaciones que pudieran tener las fechas significativas que serían algunos detonadores de deseos suicidas; en el caso de México, puede ser importante identificar el significado del Día del amor y la amistad para las mujeres jóvenes; el Día del trabajo y el Diez de mayo para los hombres y mujeres, y retomar el significado del Día de muertos en noviembre.

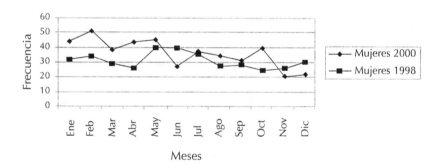

**Figura 3. Frecuencia de suicidios
de mujeres por meses en 1998 y 2000.**

En la figura 3 se comparan las frecuencias de suicidios por mes en mujeres durante 1998 y 2000. Podemos identificar un patrón muy similar que solamente cambia en junio, julio y octubre; sin embargo, en ambos casos se identifica que hay más casos de suicidio en 2000, pero con un patrón muy similar al de 1998; en ambos casos inicia con los índices más altos en enero, hay un ligero incremento en febrero y de ahí en adelante va disminuyendo con cierta regularidad que es muy evidente entre julio a noviembre; pero en ambos años nuevamente hay un ligero incremento de suicidios en mayo a partir del cual la disminución de suicidios se mantiene constante hasta incrementar ligeramente en diciembre, pero nunca a un nivel tan alto como el inicial.

Podemos asumir que el suicidio de las mujeres sigue un patrón regular a lo largo de los dos años comparados.

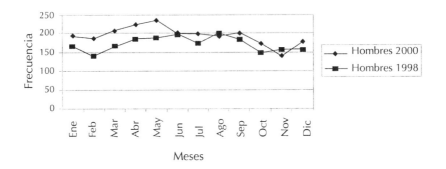

**Figura 4. Frecuencia de suicidios
de hombres por meses en 1998 y 2000.**

La figura 4 muestra para los hombres la misma comparación realizada con las mujeres en la figura anterior, pero en esta gráfica se identifica mayor regularidad en comparación con la de las mujeres; además, es interesante la regularidad con que se presentan los índices de suicidio en los primeros cinco meses de ambos años. En los meses restantes también se identifica un patrón más irregular, pero con claras tendencias a la disminución de los índices de suicidio hasta el final de ambos años. En el caso de los hombres aparecen claras coincidencias en febrero y mayo, así como en septiembre y diciembre. No podemos cerrar los ojos ante la posibilidad de que los primeros meses del año tienen un alto significado social y familiar en la cultura mexicana en comparación con los meses intermedios y últimos del año. Si esto también es consistente, podremos contar con un elemento más sólido para la psicoterapia y los programas de salud mental. Como lo mencionaron Jiménez y González, es necesario pasar de la investigación descriptiva a la evaluativa para incidir en la prevención primaria (con la identificación de factores protectores) y secundaria (mediante la identificación de factores de riesgo), pero no estaría de más proponer cambios de paradigmas o enfoques del problema. Tal es la finalidad del presente apartado.

Según los datos revisados hasta el momento, tanto en hombres como en mujeres hay notorias pautas de comparación entre la primera mitad del año en relación con la segunda. Esto quiere decir que el suicidio en México tiene una notable consistencia para ambos sexos en diferentes años, y si lográramos validar bien la información, habría una buena posibilidad para plantear algunas estrategias de prevención del suicidio.

Sin embargo, según las investigaciones reportadas en la literatura, se comenta la importancia de estudiar algunas variables poco investigadas pero de las cuales se sospecha alguna relación con el suicidio y de las que todavía no contamos con información consistente al respecto. Dos de las ideas mencionadas con esta posibilidad son las del suicidio de los adolescentes y ancianos y otra es la relación entre muertes violentas y muertes por suicidio. Las dos figuras siguientes muestran algunos resultados que pueden sugerir algunas propuestas de investigación.

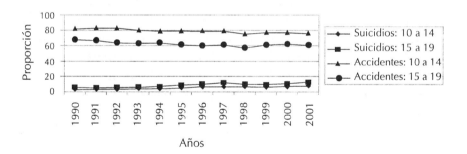

Figura 5. Proporción de muertes por suicidio y accidente en dos grupos de edad de adolescentes.

La figura 5 muestra la proporción de muertes por suicidio y accidentes reportados por el INEGI para dos grupos de distintas edades de adolescentes durante 1990 a 2001. Se tomaron los quinquenios de 10 a 14 y de 15 a 19 años de jóvenes que murieron por suicidio o por accidente. Como vemos, los índices de muerte por accidente en ambos grupos de edad es superior en comparación con los que murieron por suicidio; sin embargo, hay un triple patrón que podemos reconocer en la gráfica.

El primero es que tanto los índices de suicidio como los de muertes violentas en los jóvenes tienen un comportamiento paralelo para ambas condiciones de muerte en ambos grupos de edad. Los mayores índices de muertes violentas ocurren entre los jóvenes de 10 a 14 años con una proporción que va de 84 a 78%. Para el grupo de 15 a 19 años, la proporción disminuye de 72 a 60%. Ambos índices son superiores a los de las muertes por suicidio que se mantienen muy similares, pero con una ligera preponderancia del grupo de 15 a 19 años, es decir, se suicidan ligeramente con mayor frecuencia los jóvenes de 15 a 19 años en comparación con los de 10 a 14 años. En ambos casos, la proporción de suicidios va de poco menos de 10% a casi 15% en el último año.

El segundo patrón reconocido es que, conforme disminuye el índice de muertes violentas a lo largo de los años, hay una correspondencia con un aumento en el número de suicidios reportados en ambos grupos de jóvenes. Esto puede deberse a que ha mejorado el proceso de registro de los casos de suicidio y existe mayor control de la información, pero no deja de llamar la atención la consistencia entre la aparente relación de muertes violentas y muertes por suicidio.

El tercer patrón reconocido e implícito en los dos anteriores es la tendencia de convergencia de los índices de muerte por accidente o suicidio en ambos grupos de edad. El patrón de disminución de las muertes por accidente tiende a disminuir, al mismo tiempo que proporcionalmente aumenta el patrón de suicidios en ambos grupos de jóvenes.

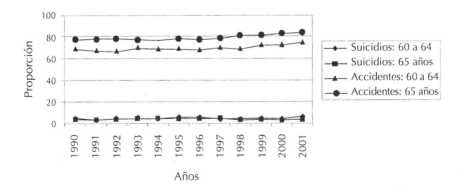

**Figura 6. Proporción de muertes por suicidio
y accidente en dos grupos de edad de personas ancianas.**

Por último, la figura 6 muestra la proporción de muertes por suicidio y accidente en dos grupos de edad de personas ancianas, es decir, hacemos una comparación similar a la de la figura 5 con jóvenes. Al igual que en la figura 5, podemos identificar tres patrones de muerte en ambos grupos.

El primer patrón muestra que hay un paralelismo en los índices de muertes por accidente en ambos grupos de edad; el índice de muertes por accidente se incrementa de manera paulatina de 77 a casi 85% para el grupo de 65 años o más. La misma tendencia se identifica en el grupo de 60 a 64 años, que inicia con una tendencia que va de casi 68 a 75% de 1990 a 2001. En ambos grupos, con la misma forma de muerte se identifica un incremento en los tres últimos años.

El segundo patrón identificado es que para el caso de las muertes por suicidio hay una tendencia relativamente estable que se inicia en poco menos de 4% en 1990 a casi 6% en 2001. Hay una tendencia al suicidio ligeramente mayor en el grupo de 60 a 64 años en comparación con el grupo de 65 años o más, es decir, se suicidan más los ancianos jóvenes que los ancianos mayores.

Por último, el tercer patrón reconocido es que, a diferencia del caso de la población joven, en la población anciana se detecta una divergencia entre el suicidio y las muertes por accidente, y no una convergencia como pasa entre los jóvenes. Además, se identifica una breve pausa de estabilidad entre 1993 a 1996, es decir, se accidentan más los ancianos mayores que los ancianos más jóvenes.

Las figuras 5 y 6 confirman lo que ya sospechábamos en los reportes de la literatura, o sea:

a. Hay un ligero aumento en los índices de suicidio entre jóvenes y personas ancianas.

b. Identificamos una correspondencia entre las muertes violentas y las muertes por accidente entre la población de jóvenes y adolescentes.

c. Hace falta realizar estudios que profundicen entre las relaciones de diferentes formas de morir según los diversos grupos de edad y no sólo entre las relaciones de variables y las diferencias entre grupos de suicidas.

d. El suicidio tiene un comportamiento diferenciado según el grupo de edad al que pertenezcamos.

    e. Los datos pueden reflejar los cambios en los mecanismos de recolección de la información.

Los datos recolectados por el INEGI en los últimos censos son de los más completos que se han publicado en nuestro país y sería tema de un trabajo aparte analizarlos con cierto detalle.

En un documento anterior, el autor (Quintanar, 2003) reportó que en 1998 se observó que el mayor número de intentos suicidas en las 31 entidades federativas de la nación ocurrió en mujeres con una frecuencia de 271 casos contra 162 de hombres que viven en zonas urbanas. También se reconoció que existe mayor número de suicidios consumados en hombres (2 043 casos) que en mujeres (371 casos) y que éstos ocurrieron principalmente en áreas urbanas en comparación con las rurales. Lo importante de estos ejemplos es que corroboramos la regularidad del patrón suicida a lo largo de los años y pareciera que no ha cambiado la naturaleza de las causas que originan este comportamiento estadístico. Por otro lado, también observamos que las mayores frecuencias de intentos suicidas ocurren en las mujeres independientemente del grupo de edad al que pertenezcan, pero las frecuencias disminuyen con notoriedad a partir de los 44 años, o sea, las mujeres jóvenes, de 15 a 19 años, tienen más intentos de suicidio en comparación con las de 20 años en adelante; sin embargo, en estas edades, la mujer es más productiva y desempeña un papel más activo en la dinámica del hogar.

Por último, en 1998 los suicidios de los hombres superan notablemente a los de las mujeres, sobre todo en las edades de 15 a 39 años, cuando hay hasta 370 casos para el grupo de 29 años para los hombres contra 27 casos para las mujeres en el grupo de 39 años. A partir de los 40 años existe una disminución paulatina de los suicidios tanto en hombres como en mujeres; el único caso que puede llamar la atención es el del grupo de 70 a 74 años, en el cual la frecuencia de suicidios de mujeres casi iguala a la de los hombres con cerca de 50 casos. Cabe recordar que no se incluyen los datos referentes al Distrito Federal, que es el lugar más poblado de la República Mexicana.

Epidemiología clínica

Según datos del Instituto Mexicano de Psiquiatría, cerca de 23% de la población a nivel nacional presenta algún problema de salud mental;

además, en los próximos 10 años, el problema de salud mental más frecuente será la depresión y esta observación es corroborada por otras fuentes, como la OPS y la Secretaría de Salud.

Según López Garza (1998), 95% de la conducta suicida se presenta en individuos aquejados de algún problema mental clínicamente reconocible, entre los cuales identificamos 80% con problemas depresivos, 10% con esquizofrenia y 5% con demencia o delirium. También que estos trastornos están asociados en 25% con el alcoholismo y adicciones graves, en 40% con trastornos severos de la personalidad y en 11% con padecimientos físicos importantes. Afecta tres veces más a hombres en comparación con las mujeres, que tienen cuatro veces más intentos que los hombres, pero en ambos casos son más afectados quienes se encuentran en edad productiva, con 45 años para los hombres y 55 para mujeres. Los hombres suelen usar medios más letales, como disparos, ahorcamientos y caídas de altura, mientras que las mujeres recurren a las sobredosis, los envenenamientos y en menos frecuencia a los disparos.

En 1994 la mortalidad por suicidio representaba poco más de 0.6% de las muertes, cifra incrementada paulatinamente durante el período estudiado, al pasar de 0.11 a 0.62%. Al inicio del período, en 1970 hubo 554 muertes por suicidio en la República Mexicana, y en 1994 hubo 2 603. Los cambios en la tasa de suicidio no ocurrieron de manera uniforme, sino que hubo momentos dramáticos para la serie en cuestión. Así, entre 1973 y 1974 hubo un incremento de 222.05% en la mortalidad por suicidio para ambos sexos. A partir de ese año (1974), la tasa de suicidio entró en un nuevo nivel, relativamente constante, hasta 1985.

De 1984 a 1985, la tasa de suicidio para la población total se incrementó 64.56% y entró así en otro nivel del que no ha bajado. Para el conjunto de la población, el suicidio se incrementó 156% entre 1970 y 1994. El suicidio consumado en México es un problema que afecta en mayor medida al sexo masculino. La razón de tasas masculina/femenina para el inicio del período es de 4.10 (1.82/0.44) y para el final de 5.6 (4.9/0.87); es decir, el diferencial de mortalidad hombres/mujeres no sólo no ha disminuido, sino que se ha ampliado durante el período. En los años que cubre la serie (1970-1994), el incremento porcentual del suicidio ha sido de 170% para los hombres y de 98% para las mujeres.

Para la Organización Mundial de la Salud, según la Dirección General de Salud de la Secretaría de Salud del Distrito Federal, en julio de 2001 había en México cerca de 15 millones de personas que requerían atención médica especializada para problemas de esquizofrenia, epilepsia, enfermedades demenciales y en mayor grado de depresión. Para 2010, la depresión será la segunda causa de incapacidad y puede ser una enfermedad mortal, pues cerca de 15% de quienes la padecen tienden al suicidio. Además, desde el nacimiento hasta los 15 años podemos padecer problemas de trastornos por déficit de la atención, una condición que tiene relación directa con el consumo de drogas y conductas antisociales.

La evolución ascendente del suicidio y los cambios sociales concomitantes (como el incremento en la urbanización, la migración, la disolución de las redes familiares tradicionales, el aumento en el consumo de drogas por los jóvenes, y los cambios en el perfil epidemiológico del país) llevan a pensar en que éste es un buen momento para iniciar acciones de investigación y preventivas. Si bien la comparación de la tasa de suicidio de México con la de algunos países latinoamericanos y de otras regiones del mundo revela que México presenta algunas de las tasas más bajas de suicidio en el mundo, no por eso podemos dejar de notar que pocos problemas de salud pública han aumentado con tanta constancia. Año con año, la mortalidad por suicidio se ha incrementado en el país y, por lo que conocemos del comportamiento de este problema en otras partes del mundo y de los cambios en el perfil poblacional y epidemiológico de México, difícilmente será pasajero este incremento.

Según cifras de la Dirección de Salud Mental de la Secretaría de Salud Federal, 18% de la población urbana entre 18 y 64 años de edad sufre trastornos afectivos con predominio de la depresión. El 1.6% de la población adulta ha intentado suicidarse y la tasa de suicidios ha aumentado de 1.13 en 1970 a 2.55 en 1991, es decir, hay un incremento de 125%.

También es importante recordar que la depresión y la ansiedad son un problema de salud que se encuentra asociado a enfermedades crónico-degenerativas y otras enfermedades como el VIH/sida y que para 2010 tendrán un incremento de casi 16.5 millones de personas hipertensas y 4.5 millones de diabéticos. Si a esto le agregamos que la depresión suele estar presente en la gran mayoría de los casos de suicidio, tendremos una idea de cuál será el futuro al respecto.

Algunos datos más reveladores son los presentados por Ruiz Harrell, quien en un artículo reciente (2001) escribe que en la República Mexicana, durante casi medio siglo, la tasa de suicidios apenas varió. De 1940 a 1960, la media anual fue de 1.76, de 1960 a 1990 fue de 1.62 y de 1955 a 1987 la proporción nunca excedió de 1.8 suicidios por cada 100 000 habitantes. Pero a partir de 1988 los suicidios empezaron a multiplicarse y superaron todos los límites conocidos. En 1990 se suicidaron 2.10 personas por cada 100 000 habitantes. En 1995 la proporción alcanzó un valor de 2.73 y en 2000 llegamos a 3.34 suicidios por 100 000 habitantes según los datos del Sistema Nacional de Seguridad Pública. Ruiz señala que lo preocupante no fueron las cifras sino el cambio, pues si bien hay países que llegan a tener hasta 10 veces más suicidios (como Rusia con 34.3 o Hungría con 32.2, Cuba con 16.6, Canadá con 10.9 y varios más) no había habido en México un incremento como el obtenido en las últimas décadas, y según la OMS ningún país había tenido un incremento tan notable en el mundo. Estos datos, según lo plantea Ruiz, coinciden con las observaciones de Durkheim de que, si bien los países tienen una tasa de suicidio más o menos regular, un incremento en ésta es un indicio claro de un proceso grave de descomposición social.

Algunas consideraciones acerca del suicidio en México

Mondragón, Borges y Gutiérrez (2001) realizaron un estudio acerca de la medición de la conducta suicida en México en la cual se nota que, a pesar de la cantidad de información disponible, todavía existe entre algunos grupos de especialistas de las ciencias del comportamiento y de la salud la idea de que tras el suicidio las fuentes documentales utilizadas en México no son confiables. En este sentido, los mismos datos del INEGI pueden ayudarnos a precisar algo más al respecto pero no coinciden con otros formatos de registro, pues según los datos del censo de 1999, donde se recolectan los datos de suicidio de 1998, las tres causas identificadas con mayor frecuencia entre hombres y mujeres suicidas fueron el disgusto familiar, las causas amorosas y la enfermedad grave. A partir de la cuarta causa identificada se observan diferencias entre ambos sexos, pues para los hombres la siguiente causa de suicidio fue por problemas económicos en comparación con la enfermedad mental para las mujeres. Esta información muestra con cierta claridad que la idea de que tras el suicidio puede haber alguna enfermedad mental no tiene sustento, las principales causas del suicidio suelen ser de otra naturaleza y no se reportan con claridad en los formatos oficiales de registro de información.

Faltaron discutir o comentar con mayor profundidad algunos otros datos estadísticos, como condiciones de educación, laborales y de familia, cuáles fueron los medios para suicidarse o una comparación entre los diferentes estados del país donde hubo suicidios. Esto será motivo de otros trabajos, pero es necesario señalar que ya existe un formato de captura para casos de intentos suicidas y suicidios, en los cuales solamente se consideran siete puntos: residencia del suicida, lugar donde se cometió el acto, tipo de acto, sitio donde se efectúo el acto, medio empleado para cometer el acto, causa que motivó el acto y características personales del suicida. Sería pertinente que también se incluyeran algunos puntos referentes a si se tiene información de intentos previos de suicidio, condiciones de salud y datos sobre posible violencia familiar y maltrato sexual, entre otros (vea anexos del informe del INEGI, 2000).

Según la investigación de Mondragón y sus colaboradores, es necesario aclarar que la medición del intento de suicidio se hizo por medio de un solo reactivo y no de escalas. La imagen del suicidio en México muestra que no hay continuidad en las propuestas ni una política de salud. Con todo, los autores encontraron que la prevalencia de ideación e intento de suicidio en México son similares a las de otros países. Hasta el momento, todas las encuestas en la población de adolescentes han tenido como base la escuela, pero carecemos de información de aquellos que no van a ella. En el caso de la población adulta se ha utilizado principalmente la entrevista cara a cara. También observamos diferencias en la temporalidad de los instrumentos, pues la mayoría se centra en "alguna vez en la vida" o en el "último año". La gran mayoría de los estudios es de tipo transversal y actualmente se requiere investigación de tipo más analítico con criterios unificados entre investigadores para obtener mejores registros de intentos e ideación suicida.

En una investigación sobre el suicidio en el estado de Querétaro, el investigador Espinosa Feregrino y sus colaboradores (2003) realizaron una investigación en la que plantean que el suicidio es un problema de salud pública que explica al menos 0.9% de las muertes en todo el mundo. La tasa de mortalidad por suicidio en sujetos masculinos en 2000 fue de 5.9 por cada 100 000 habitantes y constituyó la decimoséptima causa de muerte en el mismo año. Al estudiar las defunciones registradas en el Servicio Médico Forense del estado de Querétaro, dichos investigadores calcularon las tasas anuales de suicidio para la población mayor de 10 años de edad desde 1996 a 2002. Analizaron en forma retrospectiva las muertes médico-legales de enero de 1999 a diciembre de 2002 para crear una base de datos que incluyó la información sociodemográfica y variables como la edad, el género, el lugar de residencia, la fecha y la hora de muerte. Mediante un análisis comparativo integraron dos grupos; uno compuesto por los suicidios y el otro a partir de las muertes por causas diferentes del suicidio. Se utilizó el número de suicidios registrados en el Semefo por año, así como las proyecciones del número de habitantes mayores de 10 años suministradas por el Consejo Nacional de Población (Conapo) de 1996 a 2002, para calcular las tasas de mortalidad por suicidio de cada año por 100 000 habitantes. La tasa por 100 000 habitantes de suicidio en 1996 fue de 2.49, en 1997 de 4.74, en 1998 de 4.05, en 1999 de 3.87, en 2000 de 4.39, en 2001 de 6.04 y en 2002 de 3.43. La tasa de suicidio por año y por grupo de edad en los sujetos con una edad de entre 20 a 29 años fue mayor que en cualquier otro grupo de edad. En el grupo de más de 50 años, la tasa de suicidio se incrementó en los últimos tres años. El riesgo de cometer suicidio tiene una relación inversa con la edad. Las personas residentes de una zona con densidad demográfica mayor a 179 000 habitantes presentaron un riesgo relativo de 1.46 veces de fallecer por suicidio; al controlar el efecto de la edad, el riesgo se incrementó a 1.52.

Los autores plantean como conclusión que el suicidio se incrementó en los últimos siete años en el estado de Querétaro. Los varones que se encuentran entre 20 y 29 años y aquellos mayores de 50 tienen el mayor riesgo de morir por suicidio y, desafortunadamente, no desarrollan más la idea ni la comparan o complementan con el análisis cruzado de otras variables.

La propuesta actual para la investigación del suicidio en México es que el siguiente paso es diseñar estrategias de prevención e intervención, así como el diseño de programas educativos y de salud.

Evaluación de la conducta y riesgo suicida

Tener la posibilidad de intervenir en la atención del suicidio requiere que el especialista haga una valoración del riesgo que corremos. Reconocer un posible caso de suicidio necesita tomar en cuenta algunos elementos asociados con una forma de vida. Evelyn May G. (2002) y Reyes Zubiría (1999) coinciden en proponer que la evaluación del riesgo de suicidio comienza con el reconocimiento de éste y los factores de riesgo asociados con suicidio son:

- Los antecedentes psiquiátricos.
- Sexo masculino (aunque la distinción es menos importante en pacientes psiquiátricos que en la población general).
- Edad: hay diferencias según el grupo de edad al que se pertenece.
- Raza: riesgo mayor en blancos.
- Diagnósticos: principalmente depresión, alcoholismo y esquizofrenia.
- Consumo excesivo de alcohol y/o drogas.
- Intentos previos.
- Posibilidades de comunicación personal.
- Pérdida vital reciente (especialmente en personas alcohólicas).
- Sentimientos de desesperanza y baja autoestima.
- Adolescentes: historia de abuso de sustancias y problemas conductuales.
- Red social de apoyo deficiente.
- Naturaleza de los juicios valorativos.
- Pérdidas recientes.

Una evaluación precisa del riesgo de suicidio debe incluir una historia psiquiátrica detallada, historia familiar y examen mental. Se debe estar alerta a la posibilidad de suicidio en cualquier paciente psiquiátrico, especialmente en aquellos que padecen una depresión o tienen el afecto deprimido; en estos pacientes, la evaluación debe estar dirigida a la búsqueda de signos y síntomas cognitivos de depresión, deseos de muerte, ideación suicida y planes suicidas, entre otros.

Se recomienda realizar preguntas específicas que deben ser hechas al paciente, entre las que se incluyen las siguientes:

- ¿Ha pensado en hacerse daño?
- ¿Ha desarrollado algún plan para cometer suicidio? Si es así, ¿cuál ha sido su plan?
- ¿Ha pensado alguna vez en quitarse la vida?
- ¿Ha intentado suicidarse alguna vez? Si es así, ¿podría contarme acerca de ese hecho?

El riesgo suicida se debe evaluar permanentemente en cada contacto con el paciente, pues los pensamientos suicidas pueden fluctuar en el tiempo. Existen escalas que permiten determinar el riesgo suicida con base en una evaluación de circunstancias relacionadas con el intento suicida, autoinforme (evaluación hecha por el paciente mediante una encuesta), la determinación de letalidad médica y otros.

En aquellos pacientes o casos que han desarrollado planes bien pensados y han realizado actos para llevarlos a cabo se recomienda ponderar la posibilidad de internarlos, en aquellos que han tenido intentos previos y, obviamente, en aquellos que tienen riesgo vital. La hospitalización obedece a la necesidad de vigilancia de estos pacientes, a la realización de tratamiento inmediato, a la evaluación de enfermedades de base para tratamiento definitivo, y principalmente a la necesidad de asegurar razonablemente la seguridad del paciente.

Las condiciones de riesgo deben ser investigadas durante las entrevistas clínicas e integradas dentro de una historia de vida, respetando su coherencia. También es pertinente señalar que no todo se puede considerar en una sola sesión, lo cual sería una ventaja. Podemos trabajar en varias sesiones y al mismo tiempo construir una relación terapéutica durante las entrevistas. Valorar los tres rubros de condiciones permitiría saber cómo ha enfrentado la persona las diferentes circunstancias de su vida.

Factores precipitantes

Retomando lo escrito por Durkheim, Ruiz Harrell plantea que los seres humanos no tenemos límites a nuestros deseos y que la sociedad no sólo marca dichos límites, sino también pone fronteras y nuevas jerarquías a nuestros deseos y valores. Pero cuando estos límites ya no sirven de contención, el ser humano queda a merced de sus propios recursos y de las fuerzas que lo mantienen vivo e impulsan su existencia. Entonces son más claros los factores precipitantes del acto suicida.

Actualmente se han generado varias propuestas de clasificación de los factores desencadenantes o precipitantes del suicidio. Estas clasificaciones han quedado restringidas a los lugares donde se han realizado las investigaciones; sin embargo, en la literatura se reportan coincidencias en cuanto a los factores precipitantes para los que, según Clemente y González (1996), en España son:

- Problemas de la pareja.
- Problemas familiares.
- Enfermedades psiquiátricas (con predominio de depresión seguido de algunas adicciones).
- Dificultades personales.
- Problemas laborales.
- Problemas económicos.
- Enfermedad física.
- Problemas escolares.
- Otros problemas.

Por otro lado, en México, J.A. Emerich (1988) reporta que las causas son:

- Controversias o conflictos familiares.
- Pérdidas menores.
- Enfermedades.
- Conflictos en el grupo.
- Asuntos amorosos y conflicto sexual.
- Problemas laborales.
- Problemas escolares.
- Pérdidas mayores y muerte.
- Jubilación.
- Esfuerzos para prevenir la separación de la familia.

En resumen, para evaluar el riesgo de suicidio podemos plantear la siguiente lista de indicadores:

Factores por considerar

- Edad.

- Sexo.
- Estado civil.
- Empleo.
- Salud física y mental.
- Historia previa.
- Desesperanza.
- Duelo.
- Estrés.
- Conflictos interpersonales.
- Evidencias biológicas.
- Identificación.
- Genética.

Factores de riesgo suicida

- Existencia de antecedentes de conducta suicida previa.
- Presencia de patología psiquiátrica que confiera vulnerabilidad.

Dichos factores adquieren importancia si están las dos primeras: sexo masculino, soltería, adultez o edad avanzada, viudez o separación, desempleo, enfermedad médica crónica y acontecimientos vitales negativos.

Factores asociados a reintento

- Ideas suicidas.
- Trastornos del ánimo: depresión.
- Trastornos por consumo de alcohol y otras sustancias.
- Trastorno de pánico.
- Trastorno de conducta alimentaria.
- Trastornos de la personalidad.
- Esquizofrenia.

Indicadores psicológicos de riesgo suicida

- Desesperanza y conducta suicida.
- Factores cognitivos.
- Riesgos y dimensiones de la personalidad.
- Aumentan el riesgo: rasgos antisociales, impulsividad, hostilidad, agresividad, pesimismo, baja autoestima y consumo excesivo de drogas.
- Disminuyen el riesgo: rasgos histriónicos de la personalidad.
- Eventos vitales y apoyo social en conducta suicida.

- Problemas más eventos negativos: rupturas afectivas, aconteci-mientos adversos, dificultades familiares y de pareja y muerte de pareja.
- Estresores que dependen de la etapa vital.
- Red social.

Evaluación del riesgo suicida

- Suicidalidad actual.
- Antecedentes suicidas.
- Sintomatología relevante.
- Antecedentes psiquiátricos.
- Situación psicosocial.
- Rasgos de personalidad.
- Historia familiar.
- Antecedentes del desarrollo.
- Comorbilidad médica.
- Nivel de cuidado médico psiquiátrico.

En caso de padecimiento de esquizofrenia, Clemente y González recomiendan revisar si hay lo siguiente:

- Antecedentes de tentativas.
- Prevalencia de sintomatología psicótica negativa.
- Gravedad de la descomposición psíquica.
- Situaciones derivadas de la medicación.
- Aparición de voces delirantes.

Sin entrar en más detalles, basta decir que en los casos de suicidio y tentativa suicida, incluso en los de ideación suicida, los factores que más resaltan son los problemas familiares, las enfermedades mentales (incluidas las adicciones y la depresión) y los problemas laborales y económicos, en un orden que varía según el grupo de edad. Las causas menos frecuentes (pero no por eso menos importantes) son los problemas amorosos, los problemas sexuales y las enfermedades físicas. En el caso de los problemas escolares, éstos son más frecuentes en el grupo de edad de niños y adolescentes. Cabe señalar que en ninguna de las propuestas se mencionan las condiciones de abandono y de soledad que la gente puede experimentar, ni se mencionan las condiciones de desarraigo que pueden generar gran soledad, ni la falta de un soporte espiritual definido que puede ser de mucha ayuda.

Psicopatología de la conducta suicida

Esta psicopatología puede tener dos tipos clínicos: uno agudo, llamado *síndrome presuicida*, que se presenta de forma aguda en las crisis depresivas, y el otro es la conducta suicida como estilo de vida y que es el rasgo patológico de los trastornos severos de la personalidad.

La psicopatología de la conducta suicida se caracteriza por depresión aguda severa con sentimientos de devaluación, desamparo, desesperanza, culpabilidad, rabia, impotencia y angustia intensa, cuya evolución es acompañada de ideas suicidas y acopio de medios para autolesionarse, en un medio familiar desorganizado y caótico con ausencia de red social de apoyo, todo esto entremezclado con manifestaciones de cuatro trastornos subyacentes los depresivos, los esquizofrénicos, las demencias y delirios, el alcoholismo y las adicciones. También cabe señalar la presencia de la depresión enmascarada, que se puede manifestar por patrones de comportamiento caracterizados por actividad intensa y una alegría superficial o no auténtica, que puede dar la falsa impresión de que no hay problema alguno.

La depresión también puede esconderse tras una aparente recuperación de las actividades diarias. Pareciera que hay una motivación para recuperar lo cotidiano de la vida. En realidad la persona puede estar pasando por un momento de gestación de la energía necesaria para efectuar el acto suicida.

Llegados a este punto es oportuno hacer un señalamiento: en mi experiencia clínica he encontrado que algunas pautas avisan del posible suicidio, pero mientras los posibles suicidas den señales de sus intenciones y perciban cierta presencia social de sus allegados, sus intentos serán más difusos pero no menos letales. Lo más crítico es que no siempre los más allegados al potencial suicida están dispuestos a reconocer los riesgos de ciertas formas de relaciones familiares, personales o de estilos de vida.

También es importante estar alerta al "humor negro", el cual es una forma de mostrar un estado de ánimo que bien puede servir de pantalla para los estados depresivos. En el caso de las profesiones de riesgo, también se puede pensar en una forma de tendencia suicida, pero, como lo señaló Ramón de la Fuente en una entrevista que le hicieron hace tiempo, también es común encontrar en estas personas una peculiar incapacidad para experimentar angustia, y una falta de resonancia afectiva en la vida común. Por esa razón se dedican a situaciones extremas en las que arriesgan la vida para encontrarle sabor.

Métodos de investigación

Autopsia psicológica: un medio útil para el peritaje psicológico

El desarrollo de la autopsia psicológica es una forma de investigación que proporciona un panorama de qué rodeó al suicida durante los períodos cercanos al momento final. Es una forma de entrevista que se aplica a los sobrevivientes y realizarla puede ser, incluso, un recurso de apoyo terapéutico.

Andrea Rodríguez (2001) piensa que una de las técnicas más importantes utilizadas en la comprensión de los comportamientos criminales es la del peritaje psicológico, que puede realizarse con la denominada *autopsia psicológica*.

La autopsia psicológica es un procedimiento de naturaleza interdisciplinaria, considerado un proceso de recolección de datos del occiso que permite reconstruir su estado mental y su perfil psicológico antes del deceso. Para el desarrollo de dicho procedimiento es necesario el trabajo interdisciplinario entre médicos, abogados psiquiatras y psicólogos forenses. La autopsia psicológica como técnica pericial surgió en Estados Unidos como una necesidad administrativa de definir la etiología médico-legal en los casos de muertes dudosas en las cuales no se contaba con los elementos suficientes para afirmar si se trataba de un suicidio o un accidente. Sin embargo, a pesar de que esta técnica es bastante conocida y utilizada en la Unión Americana no se ha establecido un procedimiento estandarizado para llevarlo a cabo.

Para realizar la autopsia psicológica se deben tener en cuenta varias categorías, entre las cuales mencionamos: el estilo de vida del occiso, la historia de vida, problemas económicos o sociales, las relaciones interpersonales, los rasgos de la personalidad, los intentos anteriores de suicidio y los posibles enemigos, entre otros. A su vez, los principales objetivos de la autopsia psicológica se dividen en cuatro:

> *a.* Determinar la forma de morir en casos de equívocos que necesitan ser distinguidos. Las formas de morir son: *i*) natural, *ii*) accidental, *iii*) suicidio, y *iv*) homicidio; este tipo de sistema es co-

nocido por las siglas NASH. En algunos casos, la manera de muerte es bastante clara, lo cual no ocurre con el modo como sucedieron los hechos.

b. Averiguar el momento y el tiempo en el cual se produjo la muerte; para esto, el investigador debe indagar acerca de diferentes situaciones de la vida del occiso y tratar de relacionarlas con el hecho.

c. Obtener la información suficiente para evaluar los datos obtenidos de diversos intentos de suicidio, con el fin de prevenir dichos intentos y su letalidad.

d. Proporcionar apoyo y orientación de tipo terapéutico para la familia y los amigos del occiso. La entrevista y la investigación en general son mecanismos terapéuticos para estas personas, ya que permiten comunicar pensamientos y sentimientos sobre la persona fallecida y, de igual forma, la percepción que cada uno tiene sobre la muerte de aquella persona cercana, que por lo general es de culpa, dolor, vergüenza y resentimiento, entre otros.

De igual manera, Rodríguez plantea que la autopsia psicológica tiene como función ayudar a esclarecer los casos de muerte dudosa: suicidio, homicidio y accidente, en los que ni el médico legista ni el investigador policial tienen suficientes elementos para decidir. Esto se puede determinar como sigue:

- Valorando los factores de riesgo suicida, de riesgo heteroagresivo o de riesgo de accidentalidad.
- Valorando el estilo de vida del occiso.
- Evaluando el estado mental en el momento de la muerte.
- Estableciendo las áreas de conflicto y motivacionales.
- Diseñando el perfil de personalidad del occiso.
- Esclareciendo si existían señales de aviso presuicida.
- Esclareciendo si existía un estado presuicida.

Ante un comportamiento o hecho que eventualmente no tiene una explicación clara, pero que podrá tenerla si se estudian con minuciosidad los hechos antecedentes y consecuentes a lo sucedido, se podrían inferir comportamientos o acciones llevadas a cabo en condiciones únicas y especiales que llevaron a la consecución de los hechos, por lo cual la psicología y la psiquiatría tienen mucho que aportar.

Proponemos tres categorías para estudiar los casos de muerte dudosa: *a*) el qué, *b*) el cómo y *c*) el porqué en relación con la persona que cometió el suicidio, además de la causa actual de muerte con especial énfasis en el tiempo y la determinación de la forma como ocurrió.

Como parte de la investigación criminal, la autopsia psicológica también logra establecer el círculo de sospechosos en los homicidios de un autor desconocido. Al caracterizar a la víctima con sus conflictos motivacionales y estilos de vida, se ofrecen a los investigadores policiales elementos de probabilidad en cuanto a posibles autores, quienes tendrían interés en vincularse con este tipo de personas.

Aunque la aplicación de la autopsia psicológica se hace de acuerdo con la legislación de cada país, cada equipo de trabajo decide la forma de proceder en la etapa de la recolección de datos. Uno de los serios problemas que enfrenta el Protocolo de Autopsia Psicológica (PAP) es la falta de estandarización, pues cada persona o equipo que lo aplica tiene un estilo diferente y particular de realizarlo, lo cual afecta, según estos autores, notoriamente los índices de validez del procedimiento. Es decir, no existe un modelo estructurado y sistematizado que disminuya el margen de sesgo.

Sin embargo, el número de autores que han escrito sobre el protocolo de autopsia psicológica es proporcional al número de modelos propuestos para realizar una investigación. En algunos casos se da prioridad a unos aspectos y en otros se omiten, e incluso se llegan a proponer 15 categorías que debemos incluir al llevar a cabo dicha investigación:

- Identificar la información personal del occiso (nombre, apellidos, edad, sexo, ocupación, religión y estado civil, entre otros).
- Detalles de la muerte.
- Historia de la familia (hermanos, esposa, enfermedades médicas, tratamientos, intentos de suicidio, etcétera).
- Historia de muertes familiares.
- Modelos familiares de reacción frente al estrés.
- Tensiones recientes o problemas del pasado.
- Historia de alcohol y drogas en la dinámica familiar.
- Relaciones interpersonales.
- Fantasías, sueños, presentimientos y pensamientos frente a la muerte, suicidio o accidentes que precedieron la muerte.

- Cambios en los hábitos, aficiones, alimentación, patrones sexuales y otras rutinas antes de la muerte.
- Información que relate los planes de vida.
- Evaluación de intención.
- Tasa de letalidad.
- Reacción de las personas que recibieron la noticia de la muerte.
- Comentarios y anotaciones especiales.

Para realizar un procedimiento más elaborado y completo, es importante que el investigador visite y estudie el lugar donde se encontró el cuerpo, ya que esto le permitirá obtener más pistas que ayuden a avanzar en el proceso. El psicólogo como investigador tiene la posibilidad de diseñar un perfil de la escena del crimen, además de hacer un bosquejo de la personalidad del sujeto que habitaba en el lugar a partir de detalles como los objetos hallados, la disposición de los muebles, etcétera.

Rodríguez también presenta la propuesta de Jack Annon (1995) para llevar a cabo un proceso de autopsia psicológica, en el cual se plantean como pasos a seguir los siguientes:

- Examen cuidadoso de la escena donde sucedieron los hechos, examen de fotos y grabaciones en video de la escena.
- Estudio de los documentos disponibles, concernientes a la situación en la que sucedieron los hechos, incluidos el reporte policial, la declaración de testigos y el reporte de la autopsia médica y de toxicología.
- Documentos que informen sobre la vida de la víctima antes de la muerte, como notas del colegio, notas de visitas previas al médico, notas sobre la salud mental e información laboral, entre otros.
- Entrevista con personas relevantes, como testigos de la escena de los hechos, miembros de la familia, amigos, compañeros de trabajo, etcétera.

Algunos científicos del comportamiento plantean que se deben dedicar de 20 a 30 horas de investigación para formular una opinión preliminar acerca del estado particular de la mente de un individuo antes de su muerte. Sin embargo, el tiempo que se emplea está determinado por la facilidad para recolectar la información y las personas que se deben entrevistar.

El tiempo óptimo para realizar la entrevista es entre uno y seis meses después de haber ocurrido el deceso, ya que durante estos meses aún se conserva la nitidez del recuerdo y la información obtenida es confiable. De lo contrario, las reacciones de duelo pueden interferir en la objetividad del recuerdo existiendo la tendencia a idealizar al fallecido o afectar la claridad del recuerdo.

Los entrevistadores deben recibir un entrenamiento preliminar en el manejo del instrumento y en el estilo de comunicación que han de utilizar, lo cual dependerá del modo de muerte de la víctima. El entrevistador debe permitir que la información fluya libremente, es decir, ha de dejar hablar al informante sin interrumpirlo y sólo al final, si es necesario, puntualizar en algún detalle o hacer algunas preguntas directas.

En relación con las fuentes de información debemos seleccionar, por lo menos, dos fuentes con el objetivo de cruzar los datos ofrecidos en busca de confiabilidad. Debemos seleccionar parientes de primera línea, convivientes, allegados o médicos de asistencia. Las condiciones para realizar la entrevista deben ser estrictas y cada fuente ha de ser entrevistada de forma individual y en privado, evitando que la opinión de una influya en la otra, lo cual afectaría la confiabilidad de la información. El tiempo promedio de la entrevista debe ser de dos horas, aunque en ocasiones es necesario extenderse un poco más.

Dicha autora también plantea que debe tenerse en cuenta la revisión de documentación adicional y disponible, como historias clínicas, expedientes médico-legales y judiciales, así como cartas, diarios, notas, poemas, etcétera.

La autopsia psicológica es una técnica difícil con la cual cuentan sólo algunos países desarrollados; en dicha técnica, el estudio de las muertes equívocas exige un alto nivel científico, por tal motivo, tenerlas a nuestra disposición posibilita un avance importante en el aumento de la calidad científico-técnica y la profesionalidad de la investigación criminal.

Uno de los países de habla hispana con mayor trayectoria en el tema de autopsia psicológica es Cuba. A partir de múltiples revisiones de los modelos, escalas, guías y formularios encontrados en la literatura especializada, han creado su propio modelo, al cual inicialmente denominaron MAP (Modelo de Autopsia Psicológica). A medida que incorporaron otros ítems durante la validación de dicho modelo en víctimas de suicidio, homicidio y accidente, lo han perfeccionado hasta llegar al que actualmente utilizan: el MAPI (Modelo de Autopsia Psicológica Integrado).

El MAPI, a diferencia de todos los modelos revisados, está completamente estructurado y sistematizado, de forma tal que se disminuye al mínimo el margen de sesgo, debido a que todos los peritos o auxiliares de la justicia que aplican dicho protocolo deben realizarlo de la misma manera, guiándose por un instructivo con posibilidad de respuesta cerrada, para evitar la inclusión de elementos subjetivos en la valoración de cada caso y para hacerlo verificable terceras personas.

La aplicación del MAPI actualmente se extiende fuera de Cuba desde finales de 1994, lo emplea con éxito en la solución de casos civiles y penales la Dirección de Servicios Periciales de la Procuraduría General de Justicia del Estado de Querétaro en México, y desde 1997 lo utilizan los servicios médicos-legales de Chile para el estudio de suicidios. La Dirección de Medicina Forense de Honduras introdujo la técnica en 1998 para casos civiles y penales, en especial para la solución de muertes dudosa, equívoca o por investigar, con la peculiaridad de la incorporación de licenciados en trabajo social en calidad de peritos.

El aspecto principal de la autopsia psicológica es el proceso en sí mismo y el modo como se llevan a cabo las cosas (García, 1999). Dicho proceso parte desde el mismo lugar de los hechos, en el cual se pueden levantar no sólo huellas objetivables por los peritos en criminalística, sino también las huellas psicológicas que quedan impresas en los lugares donde estuvo la víctima y en las personas que interactuaron con ella. La función del psicólogo o del psiquiatra que realiza el peritaje es decodificar e interpretar las señales que emite la escena del crimen.

En el contexto de la investigación criminal, el proceso de la autopsia psicológica comienza desde el examen de la propia escena de la muerte y no debe ser realizado por un solo perito. Por el contrario, se requiere un trabajo en equipo con los criminalistas, médicos legistas e investigadores policiales, sólo así se logrará una caracterización profunda y científicamente fundamentada de la víctima.

En el campo de la psicología forense, específicamente en el procedimiento de la autopsia psicológica, contar con la ayuda del cuerpo legal (abogados, fiscales, jueces, policías, grafólogos, etc.) es de suma importancia para la investigación, ya que permite acopiar la información de acuerdo con la puerta de acceso al ámbito judicial, así como entenderlo y tener la posibilidad de dialogar y confrontar sobre diversos aspectos, como los comportamientos humanos. Estar al lado de los investigadores policiales permite acceder a elementos judiciales tales como notas, diarios y cartas, que posiblemente para ellos no tienen mucho valor, pero para el psicólogo son fundamentales, pues caracterizan al occiso y tal vez entre líneas se pueda develar "la clave del enigma de su muerte". Estos aspectos serán básicos si queremos lograr una intervención eficaz en el procedimiento de autopsia psicológica.

Un segundo paso es la entrevista a personas que conocieron de cerca al occiso, preferiblemente familiares, amigos, vecinos, compañeros de estudio, trabajo o religión, relaciones de pareja formales u ocasionales. Es importante aclarar que la selección de las fuentes de información debe excluir a presuntos sospechosos de estar involucrados en la muerte de la víctima, pues obviamente el riesgo de sesgo es muy elevado.

Instrumentos y cédulas

Notas suicidas

Una fuente importante, pero no siempre presente, para comprender el suicidio son las notas que algunos suicidas dejan. En ellas hay una fuente invaluable de expresión de sentimientos y emociones. Schwartz y Jacobs (1999) plantean que "...las notas suicidas son una exposición espontánea de los pensamientos y emociones de las víctimas acerca del acto que pretendía realizar..." Sin embargo, no comparto esta idea, pues en varios casos que me tocó atender, las víctimas habían dado evidencia de haber pensado en el contenido de la nota mientras ideaban el suicidio, es decir, habían dedicado algunos momentos a pensar a quién le dirigirían la nota y lo que en ella le dirían o pedirían; habían tenido tiempo para pensar en qué indicaciones y acciones procedería realizar una vez consumado su acto. Respecto a las personas que dejan una lista de cosas por considerar, difícilmente podemos asumir que llevaron a cabo un acto suicida espontáneo e impulsivo. Dado esto, podemos pensar que quien tiene un momento para escribir tiene el suficiente control para comunicar algo que aquellos que no escriben nada.

Recuerdo el caso de una pareja que de un tiempo atrás había tenido algunas fricciones. Un día fue a visitar a su departamento a unos familiares para quienes era evidente que la pareja (el señor *M* y la señora *T* de 31 y 29 años) no se encontraba en buenos términos; empezaron a jugar algunos juegos de mesa con algunos invitados y como *M* no salía bien librado de las partidas, *T* se acercó y tocándole ligeramente un hombro le dijo: "¡Ya ves, ni para eso sirves!" *M* se paró de la mesa y le dijo "¡sí, tienes razón!" y se salió del departamento. Como tardó un poco en regresar, uno de los invitados salió a buscarlo y, para sorpresa de todos, *M* se había colgado de las escaleras a la entrada del departamento. Esta forma de suicidarse es muy diferente de quien dedica tiempo a escribir.

Retomando el estudio de Tuckman y sus colaboradores (1959), Schwartz y Jacobs señalan lo importante que es reconocer que en su gran mayoría las notas suicidas parecen racionales y coherentes y no resulta fácil reconocer los factores inconscientes del suicidio que, además, puedan ser verificados. Esto nos hace pensar que si el suicidio fuera un acto de locura, ¿podría haber una coherencia, o encontrarse con cierta regularidad una racionalidad en lo escrito por el suicida?

Jacobs colaboró en una investigación acerca del suicidio o intento suicida de 112 jóvenes en el condado de Los Ángeles. Hubo una revisión de las posturas teóricas que se tenían del suicidio y esto permitió a Jacobs pensar en el suicidio como el acto privado con el cual se traiciona la confianza pública. Jacobs corroboró algo que suele confirmarse en la práctica clínica: en la mayoría de las notas está implícita o explícita la noción de que los autores de las notas "no deseaban que las cosas sucedieran de este modo, pero…" Desde esta expresión se considera que los suicidas se ven a sí mismos como inocentes, pero también saben que son percibidos como violadores de la confianza, pues quienes los rodean desde fuera no saben cómo se siente por dentro y por eso no comprenden sus actos. En el acto del suicidio, el suicida ve la libertad potencial que tanto ha buscado en la vida.

Hay un momento en que al leer las notas suicidas pareciera que ya no existiera el sufrimiento o el problema se hubiera solucionado, aun cuando sea tentativamente. Las notas pueden incluir mensajes en los que:

• Se recrimina algo a alguien.
• Se solicita perdón por el acto a cometer y el daño causado.

- Se solicita apoyo para dejar las cosas en orden.
- Se expresa el deseo de reencontrarse con alguien querido.
- Se reconoce un sentimiento de fracaso personal.
- Se reparten los bienes y propiedades.
- Se solicita perdón a Dios y se le expresa una esperanza de aceptación.
- Simplemente se despiden del mundo.
- Otros aspectos generales.

Por el momento no encontramos reportes de estadísticas de las notas suicidas por sexo y edad, pero la observación de trabajos de campo y clínica muestra algunas evidencias de que las notas reflejan en gran medida las preocupaciones de sus autores según la edad y el sexo. Los escritos de los menores y adolescentes suelen mostrar más resentimiento, odio y culpa e incluso agresión. Los más adultos muestran a menudo desesperanza, despecho, cansancio y problemas de salud, mientras que los ancianos suelen escribir sobre su salud, soledad y carencias, e incluso abandono.

Las notas suicidas son un buen material que podemos estudiar mediante técnicas de análisis de contenido o una forma de técnica proyectiva como la grafología, pero, como mencioné anteriormente, no hay mucha información metodológicamente sustentada para investigar las notas suicidas. La mayoría son comentadas sólo como casos clínicos.

Ejemplos de notas

Las siguientes notas fueron tomadas de los casos reportados en el capítulo 3. Solamente las presento como muestra de lo variado que pueden ser las mismas. Todas reflejan el sentir de sus autores y es posible ver que no fue fácil tomar la decisión. Como podemos ver en el ejemplo de la nota 4, no todos los casos escriben tan extenso, ni tan claro, ni con tanta decisión, y es evidente que la idea ya tenía mucho tiempo gestándose hasta que se llegó al límite de sus fuerzas. Entonces ¿por qué no pidió ayuda antes y se dejó terminar como lo hizo?, si había relación con los vecinos, ¿por qué nadie pareció anticipar lo que su autora intentaba hacer?

1. JAM

71 años. Al parecer, la última vez que lo vieron no habló de deseos de morir; al contrario, decía sentirse bien, pero dejó una nota póstuma que decía:

CA: Entrega por favor todo el dinero a GM.

EG: Por medio del Seguro Social arregla todo; quiero estar con papá y mamá, nada de quemarme. K: recoge dos televisores a color y blanco y negro. E.G.: gracias por tu bondad; que Dios y todos me perdonen.

2. CNM

A mi familia y a todos los que ofendí les pido mil perdones por no saber hacer nada bien; que Dios los bendiga a todos. Dios, perdóname.

3. AT

(NOTA: la expresión *creo* siempre la escribía "crrreo", con tres eres).

Crrreo que hoy sí necesito escribir no sólo porque crrreo haberle fallado a mi hermana, sino porque estoy consciente de lo que es y de lo que no es mi vida; cada uno dice sus mentiras, unas caen, otras se quedan guardadas; pero, por mucho que te esfuerces en realmente creerte tu mentira, no lo haces del todo.

En realidad, mi vida es toda una farsa, nada de lo que digo haber sido es cierto.

Lo siento.
Lamento haber sido lo que soy.
Lamento no haber sido lo que no soy.
La vida es bella cuando realmente la vives y no sólo finges vivirla.
Lamento todo.

4. DS

No sé quién encontrará esta nota; sea quien sea, le pido que me ayude y realice los trámites legales que mi acción contenga.

Estoy sola desde hace casi 20 años y a los 77 no tengo nada que hacer; no tengo familia ni amigos; la artritis me ha consumido y el cuerpo se me ha deformado; ya no puedo caminar y casi estoy ciega. La pistola la guardé para un momento como éste, pero está tan vieja que puede explotar sin que salga el disparo, por lo oxidada que se encuentra; sólo tengo una bala y le pido al Señor que sirva y me permita terminar con el infierno en el que se ha convertido mi vida.

Nadie es culpable de mi muerte; la vida me ha traído hasta este momento, que es el último que puedo soportar. No lo hice antes por temor a Dios y a la muerte, pero ya no tengo esperanza ni familia alguna que me apoye; tampoco tengo grandes pertenencias ni gente que venga a visitarme. Le pido a Dios que me reciba y me perdone en todos mis errores. Sólo espero que la bala sirva y me mate instantáneamente; no soportaría más agonía de la que ya tengo.

Cédulas y encuestas

Un recurso muy utilizado para la investigación del suicidio es la aplicación de cédulas o cuestionarios. El formato que presentamos en seguida básicamente es el utilizado en la investigación que realizamos en el Instituto Nacional de Salud Mental a fines de la década de 1980 mediante la técnica de autopsia psicológica; lo he complementado con los datos del INEGI; cuando lo diseñamos tratamos de que fuera lo más completo posible y que no quedara reducido solamente a indicadores generales. Incluimos aspectos sobre salud, familia, adicciones, características del sueño, vida sexual, condición laboral, motivos para suicidarse y otros. El formato se aplicaba a los sobrevivientes del suicida, se registraban las respuestas en los paréntesis de la derecha y termina con un apartado para realizar observaciones.

Instrucciones para llenarlas

En el siguiente formato, lea cada uno de los reactivos y anote en el recuadro izquierdo el número o inciso que corresponde a la respuesta. (Esta forma de registro facilita la formación y la organización de una base de datos cuando se trabaja con poblaciones grandes.)

Cédula de encuesta de la investigación del suicidio

NÚMERO DE CASO ————————————   Fecha——————————

Datos del suicida

1. Nombre ——————————————————————————

2. Sexo
   - ☐ 1 Masculino
   - ☐ 2 Femenino

3. Edad ——————————————————————————————

4. Estado civil
   - 1 Casado
   - 2 Unión libre
   - 3 Separado
   - 4 Divorciado
   - 5 Viudo
   - 6 Soltero
   - 7 Se ignora
   - 8 Otro (especifique)——————————————————

   4.a Estuvo casado antes
   - 1 No
   - 2 Sí

   4.b Cuántas veces (señale en el recuadro de la izquierda).

   4.c Motivo de separación ————————————————

   ——————————————————————————————

5. Escolaridad
   - 1 Analfabeto
   - 2 Analfabeto funcional
   - 3 Primaria incompleta
   - 4 Primaria completa
   - 5 Secundaria incompleta
   - 6 Secundaria completa
   - 7 Preparatoria
   - 8 Profesional
   - 9 Estudios comerciales y/o técnicos
   - 10 Se ignora
   - 11 Otros (especifique)————————————————

   5.a Especifique años de estudio ————————————

6. Lugar de nacimiento
   - 1 Distrito Federal

2 Área metropolitana

3 Otro estado (especifique)—————————————————

4 Otro país (especifique)—————————————————

7. Lugar de residencia

1 Distrito Federal

2 Área metropolitana

3 Otro estado (especifique)—————————————————

8. Religión

1 Católica

2 Protestante

3 Judío

4 Mormón

5 Evangélico

6 Testigo de Jehová

7 Ninguna

8 Otra (especifique)—————————————————

8.a Ha cambiado de religión

1 No

2 Sí

8.b Cuántas veces (señale en el recuadro de la izquierda).

8.c Motivo del cambio—————————————————

9. Practicante

1 No

2 Sí

10. Ocupación

1 Profesional

2 Funcionario o directivo

3 Empresario

4 Técnico

5 Trabajador de la educación

6 Trabajador del arte

7 Trabajador agropecuario

8 Inspector y/o supervisor

9 Artesano y/o obrero

10 Operador de maquinaria fija

11 Ayudante y similar

12 Operador de transporte

13 Coordinador y supervisor administrativo

14 Oficinista

15 Comerciante y/o dependiente
16 Trabajador ambulante
17 Trabajador en servicios públicos
18 Trabajador doméstico
19 Protección y vigilancia
20 Subempleado
21 Desempleado
22 Estudiante
23 Se ignora
24 Otra (especifique)_____

11. Vivía con
1 Solo
2 Cónyuge
3 Cónyuge e hijos
4 Cónyuge, hijos y otros
5 Familiar(es)
6 Padre
7 Padres (hermanos)
8 Otros (especifique)_____

12. Datos del informante
12.a Nombre _____
12.b Sexo
1 Masculino
2 Femenino
12.c Edad en años (señale en el recuadro de la izquierda).

13. Tipo de relación
1 Familiar
2 Amigo
3 Conocido
4 Vecino
5 Otro (especifique la naturaleza de la relación)_____
_____

14. Tiempo de conocer al occiso en años y meses

15. Fecha del suicidio (año, mes y día)

16. Momento del suicidio (hora y minutos)
16.a Se desconoce el momento
1 No
2 Sí

17. Método utilizado
   1. Envenenamiento por ingestión de tóxicos
   2. Precipitación al vacío
   3. Machacamiento (por metro, por automóvil u otro)
   4. Arma de fuego
   5. Arma blanca
   6. Intoxicación por ingestión de medicamentos
   7. Ahorcamiento
   8. Inhalación de gas tóxico
   9. Quemaduras
   10. Inmersión
   11. Asfixia
   12. Pidió que alguien lo (la) ayudara a morir
   13. Se dejó morir (no comía a propósito o no se atendía según lo indicado)
   14. Otro (especifique)_____

18. ¿Habló de la muerte o del suicidio en forma general antes de que se matara?
   1. Tres meses antes
   2. Seis meses antes
   3. Un año antes
   4. No habló
   5. En el momento
   6. Se ignora

19. Lugar del suicidio
   1. En su casa
   2. En su departamento
   3. Hotel o casa de huéspedes
   4. Vía pública
   5. Edificio público
   6. Cantina, cabaret, restaurante o café
   7. Hospital, sanatorio o consultorio
   8. Fábrica o taller
   9. Cárcel
   10. Campo
   11. Automóvil particular
   12. Transporte público
   13. Centro deportivo
   14. Capilla, templo o iglesia
   15. Otro lugar (especifique)_____

20. Solicitó ayuda a
    1 Familiar
    2 Médico
    3 Psicólogo
    4 Amigo
    5 Sacerdote
    6 Policía
    7 Conocido
    8 Se ignora
    9 Otro (especifique)_____

21. ¿Hubo algún tipo de ayuda?
    1 Médica
    2 Psiquiátrica/psicológica
    3 Religiosa
    4 Amistosa
    5 Se ignora
    6 Otra (especifique)_____

22. ¿Dejó nota suicida?
    1 No
    2 Sí
    (En caso afirmativo y de ser posible, anótela o anexe una copia)

    _____
    _____
    _____
    _____
    _____

23. Un año antes del suicidio
    1 Dejó testamento
    2 Regaló objetos estimados
    3 Puso sus asuntos en orden
    4 Finalizó asuntos pendientes con las personas
    5 Se ignora
    6 Otros (especifique)_____

24. ¿Hubo intentos anteriores?
    1 Uno
    2 Dos
    3 Tres
    4 Cuatro o más
    5 Ninguno

6 Se ignora

24.a En caso afirmativo, ¿hace cuánto tiempo fue el último intento?

_____

25. En caso afirmativo, ¿cómo reaccionó la familia?
   1 Con agresividad
   2 Con indiferencia
   3 Con resignación
   4 Con tristeza
   5 Con enojo
   6 Con preocupación
   7 Otro (especifique)_____

26. ¿En el último año había padecido alguna enfermedad?
   1 No
   2 Sí

   En caso afirmativo, marque con una x los recuadros correspondientes.
   1 Cardiovascular
   2 Neoplásica
   3 Enfermedad venérea
   4 Sida
   5 Neurológica
   6 Endocrina
   7 Infecciosa
   8 Incapacitante
   9 Amputación
   10 Intervención quirúrgica
   11 Otra (especifique)_____

27. La actitud hacia la enfermedad fue
   1 De resignación
   2 Como castigo
   3 De enojo
   4 De indiferencia
   5 De tristeza
   6 Se ignora
   7 Otra (especifique)_____

28. La actitud hacia el tratamiento fue
   1 De indiferencia
   2 De aceptación
   3 De rechazo
   4 Otra (especifique)_____

29. ¿Se notaron cambios de ánimo un año antes del suceso?
    1 No
    2 Sí

En caso afirmativo, marque con una x los recuadros blancos correspondientes.

	0 Nunca	1 A veces	2 Frecuentemente	3 Siempre
1 Tristeza	☐	☐	☐	☐
2 Llanto fácil	☐	☐	☐	☐
3 Apatía	☐	☐	☐	☐
4 Falta de iniciativa	☐	☐	☐	☐
5 Desesperanza	☐	☐	☐	☐
6 Labilidad emotiva	☐	☐	☐	☐
7 Irritabilidad	☐	☐	☐	☐
8 Verborrea	☐	☐	☐	☐
9 Euforia	☐	☐	☐	☐
10 Agresividad	☐	☐	☐	☐
11 Aislamiento	☐	☐	☐	☐

12 Otro (especifique) _____
Comentarios _____
_____
_____
_____
_____

30. ¿Presentó dificultades para dormir, un año antes del suceso?
    1 No
    2 Sí

En caso afirmativo, marque con una x los recuadros blancos correspondientes.

	0 Nunca	1 A veces	2 Frecuentemente	3 Siempre
1 Insomnio terminal	☐	☐	☐	☐
2 Insomnio	☐	☐	☐	☐
3 Pesadillas	☐	☐	☐	☐
4 Hipersomnia	☐	☐	☐	☐

5 Otro (especifique) _____

Comentarios _____

_____

_____

_____

30.a ¿Llegó a platicar con alguien, o con usted, algún sueño reciente que le llamara particularmente la atención?

[1] No

[2] Sí

30.b ¿Puede informar cómo era el sueño que su conocido(a) reportó?

_____

_____

_____

_____

31. Manifestaba sentirse...

[1] No

[2] Sí

En caso afirmativo, marque con una x los recuadros blancos correspondientes.

	0 Nunca	1 A veces	2 Frecuentemente	3 Siempre
[1] Cansado y fatigado	☐	☐	☐	☐
[2] (Culpable de todo	☐	☐	☐	☐
[3] Inútil para todo	☐	☐	☐	☐
[4] Preocupado	☐	☐	☐	☐
[5] Eufórico	☐	☐	☐	☐
[6] Interesado	☐	☐	☐	☐
[7] Lastimado	☐	☐	☐	☐
[8] Confundido	☐	☐	☐	☐
[9] Sin control	☐	☐	☐	☐

[10] Otro (especifique) _____

Comentarios _____

_____

_____

_____

_____

32. ¿Hubo cambios en su apetito?
    1 No
    2 Sí

En caso afirmativo, marque con una x los recuadros blancos correspondientes.

	0 Nunca	1 A veces	2 Frecuentemente	3 Siempre
1 Anorexia	☐	☐	☐	☐
2 Hiperexia	☐	☐	☐	☐
3 Hiperfagia	☐	☐	☐	☐
4 Bulimia	☐	☐	☐	☐
5 Otro (especifique) _____				

Comentarios _____

_____

_____

_____

_____

33. ¿Hubo cambios importantes en su peso?
    1 No
    2 Sí

33.a
    1 Pérdida
    2 Ganancia

34. ¿Tuvo problemas por su conducta sexual?
    0 Se ignora
    1 No
    2 Sí

En caso afirmativo, marque con una x los recuadros blancos correspondientes.

	0 Nunca	1 A veces	2 Frecuentemente	3 Siempre
1 Sadomasoquista	☐	☐	☐	☐
2 Gerontofilia	☐	☐	☐	☐
3 Paidofilia	☐	☐	☐	☐
4 Fetichista	☐	☐	☐	☐
5 Voyerista	☐	☐	☐	☐
6 Exhibicionismo	☐	☐	☐	☐

7 Impotencia/frigidez ☐ ☐ ☐ ☐
8 Homosexualidad ☐ ☐ ☐ ☐
9 Otro (especifique) _____

Comentarios _____
_____
_____
_____
_____

35. Se preocupa en forma exagerada por...
0 Se ignora
1 No
2 Sí

En caso afirmativo, marque con una x los recuadros blancos correspondientes.

	0 Nunca	1 A veces	2 Frecuentemente	3 Siempre
1 El futuro	☐	☐	☐	☐
2 Sucesos pasados	☐	☐	☐	☐
3 Actividades diarias	☐	☐	☐	☐
4 Hacer bien las cosas	☐	☐	☐	☐
5 Otro (especifique)				

Comentarios _____
_____
_____
_____
_____

36. Se quejaba
0 Se ignora
1 No
2 Sí

En caso afirmativo, marque con una x los recuadros blancos correspondientes.

	0 Nunca	1 A veces	2 Frecuentemente	3 Siempre
1 Cefaleas	☐	☐	☐	☐
2 Dolores abdominales	☐	☐	☐	☐
3 Sudoración	☐	☐	☐	☐

4 Palpitaciones ☐ ☐ ☐ ☐

5 Dolores difusos ☐ ☐ ☐ ☐

6 Opresión en el pecho ☐ ☐ ☐ ☐

7 Que algo le pasaría ☐ ☐ ☐ ☐

8 Dolor generalizado ☐ ☐ ☐ ☐

9 Otro (especifique) _____

Comentarios _____

_____

_____

_____

_____

☐ 37. Se le llegó a ver que:

0 Se ignora

1 No

2 Sí

En caso afirmativo, marque con una x los recuadros blancos correspondientes.

	0 Nunca	1 A veces	2 Frecuentemente	3 Siempre
1 Actuaba en forma extravagante o rara	☐	☐	☐	☐
2 Hablaba solo(a)	☐	☐	☐	☐
3 Se quejaba de ver cosas inexistentes	☐	☐	☐	☐
4 Se quejaba de oír ruidos o voces que no existían	☐	☐	☐	☐
5 Se quejaba de malestares en el cuerpo sin tener nada	☐	☐	☐	☐

6 Otro (especifique) _____

Comentarios _____

_____

_____

_____

_____

38. Refirió que...
- [0] Se ignora
- [1] No
- [2] Sí

En caso afirmativo, marque con una x los recuadros blancos correspondientes.

	0 *Nunca*	*1* *A veces*	*2* *Frecuentemente*	*3* *Siempre*
[1] Le controlaban la mente	☐	☐	☐	☐
[2] La gente hablaba mal de él o de ella	☐	☐	☐	☐
[3] Tenía una misión que cumplir	☐	☐	☐	☐
[4] Era grande y poderoso	☐	☐	☐	☐
[5] Lo perseguían	☐	☐	☐	☐
[6] Tenía celos exagerados o infundados	☐	☐	☐	☐
[7] Le hablaba a alguna imagen sagrada	☐	☐	☐	☐

[8] Otro (especifique) _____

Comentarios _____

_____

_____

_____

_____

39. Consumía:
- [0] Se ignora
- [1] No
- [2] Sí

En caso afirmativo, marque con una x los recuadros blancos correspondientes.

	0 *Nunca*	*1* *A veces*	*2* *Frecuentemente*	*3* *Siempre*
[1] Bebidas alcohólicas	☐	☐	☐	☐
[2] Marihuana	☐	☐	☐	☐
[3] Solventes	☐	☐	☐	☐
[4] Anfetaminas	☐	☐	☐	☐

5 | Tranquilizantes ☐ ☐ ☐ ☐
6 | Cocaína ☐ ☐ ☐ ☐
7 | Crak ☐ ☐ ☐ ☐
8 | Hachís ☐ ☐ ☐ ☐
9 | Otro (especifique) _____

Comentarios _____
_____
_____
_____
_____

40. Ante el consumo de drogas, la familia mostraba:
0 | Se ignora
1 | Tolerancia
2 | Rechazo
3 | Indiferencia
4 | Aprobación
5 | Otro (especifique) _____

41. Familia

41.a. Tipo de familia
1 | Nuclear
2 | Extensa

41.b. Integración
1 | Incompleta
2 | Completa

41.c. Vivían sin familiares
1 | No
2 | Sí

42. Viven sus padres
0 | Se ignora
1 | No
2 | Sí
En caso negativo, anote la causa _____
_____
_____
_____

43. Número de hermanos
    a. Directos
    b. Indirectos
    c. Lugar que ocupa en la familia

44. Algún miembro de la familia tiene...
    0 | Se ignora
    1 | No
    2 | Sí

    En caso afirmativo, marque con una x los recuadros blancos correspondientes.

	0 Padecimiento mental	1 Enfermedad física grave	2 Suicidio	3 Adicciones
1 Padre				
2 Madre				
3 Hermanos				
4 Esposa				
5 Hijo(a)				
6 Abuelo				
7 Abuela				
8 Amigo				

    9 | Otro (especifique) _____

    Comentarios _____
    _____
    _____
    _____
    _____

45. La familia es
    0 | Se ignora
    1 | Católica
    2 | Protestante
    3 | Judía
    4 | Testigo de Jehová
    5 | Mormona
    6 | Adventista
    7 | Hare Chrisna
    8 | De un nuevo movimiento religioso
    9 | Otro (especifique) _____

45.a Practicante
- 0 Se ignora
- 1 No
- 2 Sí

46. ¿Tenía pareja?
- 0 Se ignora
- 1 No
- 2 Sí

46.a Tiempo de casados o unidos
Años o meses

47. Sus relaciones eran
- 0 Se ignora
- 1 Armónicas
- 2 Conflictivas
- 3 Otras (especifique)

48. En su relación en el transcurso del último año
- 0 Se ignora
- 1 Terminó la relación (noviazgo)
- 2 Se separó
- 3 Se divorció
- 4 Enviudó

48.a En caso afirmativo, ¿cómo reaccionó?
- 0 Se ignora
- 1 Con aceptación
- 2 Con indiferencia
- 3 Estuvo triste algún tiempo
- 4 Con tristeza profunda
- 5 Con justificación
- 6 Otro (especifique y explique) _____

49. ¿Tuvo hijos?
- 0 Se ignora
- 1 No
- 2 Sí

49.a En caso afirmativo, señale cuántos en el recuadro de la izquierda

50. Las relaciones con sus hijos eran
    0 Se ignora
    1 Adecuadas
    2 De rechazo
    3 De sobreprotección
    4 Distantes
    5 Dependientes
    6 De apoyo
    7 Otra (especifique) _____

51. Motivos del suicidio
    0 Se ignora
    1 Económicos
    2 Falta de empleo
    3 Disgustos familiares
    4 Sexuales
    5 De salud
    6 Laborales
    7 Causa amorosa
    8 Enfermedad mental
    9 Remordimiento
    10 Problemas legales (embargos, deudas, desalojos, otros)
    11 Participación en delitos
    12 Amenazas
    13 Venganza
    14 Para proteger a otros
    15 Combinación de varias posibilidades, ¿cuáles? _____
    16 Otra causa (especifique) _____

52. Anotaciones complementarias
    a. Mencionaba tener proyectos por realizar
    1 No
    2 Sí

    b. Daba la impresión de no sentirse a gusto con su medio
    1 No
    2 Sí

53. Observaciones _____
    _____
    _____
    _____
    _____

Muerte y suicidio: análisis de casos

En este apartado presento dos fenómenos psicológicos que pueden estar relacionados con el suicidio; sin embargo, cabe aclarar que los presento como posibilidades. La investigación que podamos hacer al respecto mostrará cuán enriquecedoras han sido. Las dos opciones que planteo son el modelo de desamparo aprendido y el efecto de las muertes en serie.

Es necesario que quien se dedica a trabajar o investigar el tema del suicidio no se aferre a una sola manera de tratar de comprender el comportamiento humano. Sin ser anárquicos, es posible considerar otras posturas que permitan aclarar la naturaleza del suicidio, factores con los cuales se relaciona y circunstancias que lo provocan. Además, para comprender el suicidio son muy socorridas las teorías sociológicas o las psicodinámicas, sobre todo las derivadas del psicoanálisis o de la terapia cognitivo-conductual. Sin embargo, el fenómeno del suicidio cada día se muestra más complejo y relacionado con otras posibilidades generalmente no consideradas.

Si revisamos la literatura, especialmente la de salud mental y salud pública en México, encontraremos que la mayoría de los estudios sobre suicidio han quedado reducidos a comparaciones de incidencia y prevalencia, identificación de perfiles, prueba de instrumentos, comparaciones de grupos u otros estudios por el estilo.

Desamparo aprendido o suicidio oculto

Las posibles causas de muerte de los pacientes o ancianos institucionalizados tienen una amplia variedad de posibilidades en las que son reflejadas las condiciones de salud biológicas y sociales, pero entre todas ellas hay una que por diversos motivos casi no ha sido considerada y que en la jerga de la psicología es llamada desamparo aprendido o indefensión. En algún momento tuvimos oportunidad de comentar esta idea con algunos colegas psicólogos experimentales y nos decían que el desamparo aprendido es un modelo superado; sin embargo, esa opinión ha sido prematura, pues en diferentes espacios institucionales parece ser un fenómeno que ocurre con cierta regularidad, es decir, no hay investigación directa en instituciones que justifique la idea de que el desamparo aprendido ha sido superado. Recordemos que la investigación básica suele encontrarse desfasada de la práctica clínica.

A lo largo de nuestro trabajo en hospitales psiquiátricos y asilos para ancianos nos llamó mucho la atención el fenómeno de la muerte de pacientes y residentes en condiciones de cambio institucional. Al enviarlos a granjas psiquiátricas, cambiarlos de área de estancia o disminuirles, de manera violenta y unilateral, ciertas condiciones de autonomía, era común encontrar que su esperanza de vida disminuyera hasta quedarles sólo algunos días o semanas; pero lo interesante era que tanto pacientes psiquiátricos como ancianos compartían la presencia de pautas de comportamiento claramente identificables, así como el aumento de enfermedades y problemas de metabolismo.

En el presente caso deseamos reportar una de las experiencias que nos tocó vivir muy de cerca en la muerte de una anciana en una casa-hogar, una muerte que nos parece más relacionada con una forma de suicidio oculto de lo que aparenta a simple vista. Para fines del documento, lo dividiremos en tres partes: la primera se refiere a algunas características psicológicas e institucionales de la vejez, la segunda proporciona información teórica sobre desamparo aprendido, y la tercera trata del caso de la señora R.F. En un apartado posterior estudiaremos el reporte de algunos casos de suicidio.

Características psicológicas e institucionales de la vejez

Para entender muchas de las formas de comportamiento de la vejez es necesario ponerse en su lugar, y esto no lleva a reconocer que el campo del anciano siempre pierde intereses y reduce horizontes, pero algunos ancianos se mantienen activos hasta edades avanzadas. La calidad y cantidad de esas reducciones dan la verdadera pauta en que se encuentran su persona, su edad, su salud y su condición social.

Conforme pasa el tiempo, comienza un lento habituarse al vivir menguando, y de una inicial preocupación gradualmente se pasa a una cierta "indiferencia" progresiva. Si no realizamos una actividad física e intelectual en constante ejercicio, llegaremos a una condición de torpeza que dificulta el aprendizaje y la adaptabilidad y lleva a reducir el control que tenemos sobre el medio. No es fácil mantener el ritmo de los demás, el cuerpo ya no tiene la misma agilidad; pero la condición psicológica del anciano surge no sólo de su existencia, sino también y en gran medida de la coexistencia con las dos generaciones anteriores de jóvenes y adultos, que en buena medida dictan el ritmo por seguir en términos de relaciones interpersonales y sociales.

La investigación realizada en diferentes lugares del mundo muestra que los ancianos que mantienen un estrecho contacto con sus hijos y que están satisfechos con sus roles de padres y abuelos tienen una actitud más positiva respecto a los que viven en asilos de ancianos.

Lo que da el carácter de trágico a los asilos es la idea de que son algo definitivo e irrevocable, adonde se retiran los rechazados por la familia. Hasta el momento no hay evidencia clara de un "sentimiento de culpa" en la familia por la institucionalización de sus ancianos. El período de espera para ir al asilo o casa-hogar es el momento en que se experimenta con mayor intensidad el estrés, la incertidumbre y el miedo a la novedad. Pero aquí hay evidencia de una diferencia en los géneros: la mujer anciana se adapta más fácilmente que el hombre a la institucionalización y tiende a conservar más de sus actividades cotidianas que el hombre.

Los efectos de la institucionalización para las personas ancianas son claros y diversos y muchos coinciden con los que se presentan en personas depresivas:

a. Se ve directamente afectada la autoestima y el concepto de persona del anciano.

b. Ocurre un descenso en la capacidad de adaptación, básicamente por la desaparición de los roles ejercidos.

c. Disminuyen drásticamente los contactos sociales y las actividades cotidianas.

d. Si el internamiento es brusco, frecuentemente surgirán conflictos y pérdida de la orientación temporal y espacial.

e. Se propicia la anomia, pues la mayor parte de los asilos o casas-hogar no cuentan con la estimulación apropiada en el ambiente; abunda la falta de privacía y el color blanco en las paredes, el cual es monótono y pobre en estimulación visual.

f. Pierden control sobre el medio, pues las instituciones han sido diseñadas para ser controladas por el personal, no por los ancianos.

En lo que se refiere a morir, la gente suele tolerar mejor la muerte de un anciano que la de un niño o un adolescente. El anciano, para quien la muerte está más cerca, tiene menos miedo de ella y puede aceptarla mejor, básicamente por tres razones:

a. En la vejez existe una disminución social del valor de la vida, por lo cual el anciano reconoce los límites de su futuro y todo lo que esto supone.

b. Cuando el anciano ha alcanzado la esperanza media de vida, siente que ya recibió lo "suyo" o incluso más.

c. Cuando las personas envejecen, socializan su muerte, porque ya han visto morir a otros.

La idea de que el anciano, cuya muerte está próxima, debe ser "protegido" del conocimiento de su situación sirve con frecuencia a otros para protegerse de la incómoda posibilidad de una conversación acerca de la muerte y de morir. Pero también hablar es de vital importancia: si un anciano se halla en un estado físico límite, debilitado por la desnutrición o por la enfermedad, la posesión de un sentido de control puede equivaler a la diferencia entre la vida y la muerte.

Fundamentos del modelo de desamparo aprendido (DA) (o modelo cognitivo de la indefensión aprendida MCIA)

El supuesto básico del MCIA asume que un individuo que experimenta una serie de consecuencias aversivas que son independientes de su comportamiento se halla ante la expectativa de que en el futuro tampoco habrá contingencia entre sus respuestas y las consecuencias de éstas, lo cual genera diferentes tipos de déficit cognitivos, motivacionales y emotivos. Este modelo se estructura en función de tres componentes:

1. *Una condición medioambiental*. Se asume la existencia de una causa externa que sería la existencia de una situación aversiva traumática cuya incontrolabilidad genera la situación que desencadena el DA.

2. *Un mecanismo específicamente cognitivo que implica*:

- La capacidad del individuo para percibir la no vinculación entre sus respuestas y las consecuencias aversivas.
- La representación subjetiva o cognitiva de dicha ausencia de contingencia o vinculación, que implica la formación de expectativas negativas.
- La posibilidad de modular estas expectativas y el grado de indefensión mediante nuevos factores que se convertirían en factores de vulnerabilidad para la adquisición y desarrollo de la indefensión o desamparo.

3. *Consecuencias comportamentales*. Los componentes que definen el comportamiento consecuente con la indefensión aprendida se estructuran sobre tres tipos de déficit relacionados:

- Déficit cognitivo-asociativo, que se fundamenta en la propia formación de expectativas de no consecuencias futuras entre el comportamiento y eventos que lo mantienen.
- Déficit motivacionales que dependen también de un mecanismo cognitivo y se caracterizan por la ausencia de incentivos para reaccionar o responder.
- Déficit emotivo-fisiológicos que se producirán cuando la situación sea en especial traumática. En este caso, Seligman asume que inicialmente se produce un estado de ansiedad (caracterizado por miedo, activación fisiológica y mayor cantidad de úlceras), para luego generar un estado de depresión, cuando la persona vivencia la situación aversiva como incontrolable.

Según Seligman esquemáticamente podemos representar un cuadro comparativo entre el desamparo aprendido y la depresión como se ve en el cuadro 1.

Cuadro 1. Comparación desamparo aprendido contra depresión

Desamparo aprendido	Síntomas depresivos
Situación aversiva incontrolada	*Situación traumática inicial*
Déficit motivacionales:	*Síntomas motivacionales:*
Inactividad	Apatía y desgano
Ausencia de incentivos	Aislamiento social
Conducta social alterada	
Pérdida de estatus social	
Déficit congnitivos:	*Síntomas cognitivos:*
Expectativas negativos	Pesimismo
Sistema atribucional depresivo	Autoculpabilidad
Déficit emocionales	*Síntomas afectivos*
Depresión	Tristeza
Ansiedad	Autoagresividad
Menor agresividad	Ausencia de sentimientos
	Ansiedad
Déficit biológicos:	*Síntomas fisiológicos:*
Conducta sexual alterada	Frigidez/impotencia
Trastornos alimenticios	Anorexia
Decrementos de la norepinefrina	Dolores difusos
y la serotonina	Fatigabilidad
Úlceras y alteraciones del sistema	Trastornos noradrenérgicos
inmunológico	y serotoninérgicos

Cuadro 2. Resumen de los rasgos comunes
al desamparo aprendido y a la depresión

Condiciones	Desamparo aprendido	Depresión
Síntomas	Pasividad	Pasividad
	Dificultad para aprender que las respuestas producen alivio	Disposición cognitiva negativa
	Se disipa con el tiempo	Curso temporal
	Falta de agresión	Hostilidad introyectada
	Pérdida de peso, de apetito y déficit sociales y sexuales	Pérdida de peso, de apetito y déficit sociales y sexuales
	Disminución de norepinefrina y actividad colinérgica	Descenso de norpinefrina y actividad colinérgica
	Úlceras y tensión	Posible relación con úlceras y tensión Sentimientos de indefensión
Causa	Aprendizaje de que las respuestas y consecuencias son independientes	Creencias en la inutilidad de la respuesta
Curación	Terapia directiva: exposición forzada a respuestas que producen algún tipo de consecuencias	Recuperación de la creencia de que responder produce alguna cosecuencias
	Descarga electroconvulsiva	Descarga electroconvulsiva
	Tiempo	Tiempo
	Posible presencia de anticolinérgicos; estimulantes de la norepinefrina	Posible presencia de estimulantes de anticolinégicos y de la norepinefrina
Prevención	Inmunización por dominio de consecuencias	Fortalecimiento de redes sociales y un estilo de vida preventivo

Esquema de reacciones del desamparo aprendido

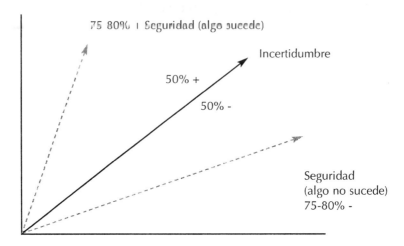

Figura 1. Representación de la probabilidad de consecuencias ante respuestas.

Condiciones institucionales generadoras de desamparo aprendido (DA)

El concepto de indefensión o desamparo aprendido surgió desde 1969 hasta 1975, ha evolucionado y hay quienes consideran que ha sido superado como modelo explicativo. Sin embargo, eso no debería entenderse como la condición para descartar las aportaciones que el modelo pudiera dar para la atención de los ancianos institucionalizados y con altas posibilidades de morir por condiciones que se encuentran fuera de su control. No podemos quitarnos la sensación de que difícilmente podremos imaginar todo lo que vivió el autor en esos momentos hasta tener una experiencia similar.

Es común observar que los sistemas y la organización institucionales carecen de sensibilidad a la necesidad que sus habitantes tienen de controlar los acontecimientos importantes de su vida. La relación tradicional médico-paciente no está ideada para proporcionar al paciente un sentido de control, pues el médico generalmente "lo sabe todo y dice poco". Ser hospitalizado desprovisto del control incluso sobre las cosas más elementales, como la hora de levantarse o qué desayuno deseamos tomar, puede ayudar a una mejor eficacia hospitalaria pero no necesariamente ayuda a la salud.

A los pacientes o ancianos institucionalizados debería permitírseles un control máximo sobre los aspectos de su vida diaria, como a dónde ir, qué hacer, con quién estar, qué comer, a qué hora dormir, etcétera.

Si una persona se halla en un estado físico límite, debilitado por la desnutrición o por una enfermedad del corazón, la posesión de un sentido de control puede equivaler a la diferencia entre la vida y la muerte, lo cual se acentúa más en el envejecimiento. Los ancianos son más susceptibles a la pérdida de control, sobre todo si los obligamos a retirarse a los 65 años, los dejamos en la casa o los metemos en un asilo

En 1962, N.A. Ferrari realizó un estudio acerca de la libertad de elección en un asilo de ancianos y observó datos colaterales que le llamaron la atención pero que nadie más siguió en relación con la supervivencia. Encontró que 55 mujeres de más de 65 años de edad y con una media de 82 pidieron ser admitidas en un asilo de ancianos. Tras ser admitidas, Ferrari les preguntó cuán libres se habían sentido para elegir el asilo, qué otras posibilidades se les habían presentado y cuánta presión habían ejercido sus familias para que entraran en el asilo. Como respuesta, 17 mujeres dijeron no haber tenido otra alternativa que mudarse al asilo; ocho murieron después de cuatro semanas de permanencia y 16 después de 10 semanas. Al parecer solamente una de las 38 personas que tuvieron más alternativas murió en el período inicial. Estas muertes fueron calificadas como inesperadas por el personal del asilo. Otra muestra de 40 personas pidió la admisión, pero ninguna llegó a ser residente pues todas murieron. De las 22 cuya familia hizo la petición por ellos, 19 murieron un mes después de que se recibiera la solicitud. De las 18 que la hicieron por su cuenta solamente cuatro habían muerto al acabar el mes.

También el cambio de sala o pabellón, aun cuando sea temporal, puede generar condiciones de desamparo aprendido que llevan a la muerte. Las condiciones físicas terminales que se producen son muy variadas: fallo cardíaco, asma, neumonía, cáncer, infección y desnutrición. No se ha especificado ninguna causa física única, pero los investigadores se han referido a la inhibición vagal de la actividad cardiaca, al reflejo de buceo y a la actividad parasimpática, entre otras, como posibles causas.

Muertes en serie: el caso de ancianos institucionalizados en una casa-hogar durante el período 1980-2001

La presente sección se refiere a un fenómeno de la muerte en ancianos institucionalizados, el cual, según la observación clínica, no es algo privativo de ellos y que, a falta de un concepto mejor, lo hemos llamado *las muertes en serie* y que surgió de la observación del comportamiento de los datos y tipos de información reportada acerca de la muerte en ancianos y pacientes en distintos espacios hospitalarios. Quien esto escribe observó que había una condición sobre la muerte de los ancianos que casi nunca se toma en cuenta, pues los reportes institucionales suelen hacerse en tablas de totales y gráficas de barras, tomando los datos en conjunto sin representarlos en gráficas particulares o a lo largo del tiempo.

En la muerte de los ancianos dentro de los asilos generalmente se han resaltado los aspectos epidemiológicos sobre la frecuencia de casos y motivo de la muerte. Sudnow (1962) analizó algunas implicaciones que el acopio de la información estadística tiene en el trabajo de los médicos y personal técnico de los hospitales, y señaló que se ha prestado poca atención a la condición metodológica de la investigación empírica de las circunstancias que rodean el acto de morir en la sociedad occidental contemporánea; además, las recientes recopilaciones de artículos sobre la muerte contienen casi exclusivamente disquisiciones filosóficas e investigaciones acerca de actitudes, pero muy pocos estudios abordan, y menos aun cuestionan, los aspectos metodológicos y estadísticos utilizados.

Sudnow observó que la verdadera determinación de que una persona se halla moribunda o no, muerta o no, es una actividad definida socialmente. Su principal interés no radica en las actitudes ante la muerte, sino en las actividades que incluyen los hechos de ver la muerte, anunciarla, esperarla y otras similares. Dicho autor intentó demostrar que estos sucesos no pueden describirse de forma adecuada en ningún nivel sin recurrir al carácter socialmente organizado de las actividades judiciales y consideraciones administrativas que se hallan implicadas y acontecen en su descubrimiento, tratamiento y efectos.

A partir de los usos de la información estadística de los datos de los hospitales, Sudnow piensa que en el mundo médico la frecuencia de encuentros con un acontecimiento, tipo de enfermedad, grupo de síntomas, etc., sirve para aumentar notoriamente la competencia y autoridad del médico y fundamentar sus opiniones. Asimismo, señala que, en cuanto acontecimiento de hospital, las muertes son consideradas según encajen dentro de una categoría de diagnóstico, y esta clasificación existe en el hecho en sí, o en la especialidad de la sala, o en el resultado de alguna operación clasificatoria de propiedades de salud y enfermedad.

Con las muertes se realizan muchas operaciones estadísticas y de contabilidad: los investigadores las suman, extraen promedios, las dividen en categorías, las manejan en los informes demográficos mensuales y anuales, y otras. La muerte se convierte en cifras o en un dato, generalmente correlacionadas con algún tipo de diagnóstico y con la plena ignorancia de los aspectos sociales y psicológicos que rodearon la presencia de las muertes reportadas y con una completa negación de la participación de la institución en esas muertes. En resumen, según Sudnow, las muertes se presentan dentro de un marco médico organizacional o contexto y ocurren dentro de un orden social y psicológico, dando origen a la llamada *muerte social*.

Un ejemplo de las circunstancias que plantea Sudnow lo encontramos en el trabajo de Laura Suchil y sus colaboradores (1991), quienes, con el propósito de evaluar el error en la precisión del diagnóstico de cáncer del registro de muertes intrahospitalarias del Instituto Nacional de Cancerología, compararon 154 casos en 1985 y 111 en 1987 con el diagnóstico obtenido en la autopsia. Registraron edad, sexo, lugar de residencia, nivel socioeconómico y localización topográfica del tumor. Sus resultados demuestran que la población de autopsia del IN-Can es muy similar a la de los pacientes que fallecen en el hospital a quienes no se les practica el estudio *postmortem*. Por último dichos autores reportan que estudios anteriores corroboran las discrepancias entre los diagnósticos clínicos principales y los diagnósticos de la autopsia, con lo cual se pone en entredicho la certeza de las estadísticas de mortalidad publicadas.

Después de casi 20 años de recolectar información sobre diferentes casos y circunstancias de muerte, Marianne Andrau (1992) escribe que en las muertes llamadas *naturales* el responsable parece ser un proceso mecánico o fisiológico y que hay dos clases de muertes naturales: la primera es la que ocurre simplemente por desastre y que pone un término al "mecanismo humano", mientras que la segunda corresponde en apariencia a las enfermedades que explican algunas muertes a medio camino de una "esperanza normal" de vida.

Sin embargo, Andrau se intrigó por cierto número de coincidencias, de encadenamientos imprevistos, y tuvo la idea tanto de reunirlos como de clasificarlos y encontró una serie de patrones lo suficientemente interesantes para ser considerados, pues reflejaban que esas muertes, por la forma como sucedían, parecían ser regidas y distribuidas por una "voluntad" exterior sin que nos diéramos cuenta. Asimismo, observó que a veces la muerte parece hacer por anticipado una señal que debería prevenirnos si estuviésemos atentos; tal advertencia se dirige la mayoría de las veces a los allegados antes que al directamente amenazado. De todas maneras queda la pregunta de si, aun con todo, se podría cambiar el suceso. No lo parece, pues según Andrau la anunciada muerte se presenta a pesar de las precauciones tomadas.

Para llegar a una conclusión acerca de la razón de estas muertes no existen estadísticas serias en las que se hubiesen almacenado y seriado los casos, de manera que han sido vinculados incuestionablemente con lo que pudiera ser una causa general. A pesar de todo, los descubrimientos del trabajo de Andrau permiten reflexionar en ellos, comprender un poco su razón de ser y son unos de los pocos indicadores de que las muertes no necesariamente son independientes entre sí.

Andrau analiza a lo largo de su libro un conjunto de formas de morir y sucesos de muerte, en forma anecdótica, que cataloga en nueve rubros con el título "Las señales que nos hace la muerte":

- *a.* La muerte se anuncia: incluye las predicciones, los presentimientos, los sueños premonitorios, sus mensajes (por comentarios de otros) y sus "huellas" en lugares y construcciones.
- *b.* La muerte asociada a objetos, nombres y lugares.
- *c.* Los sobrevivientes en condiciones extremas.
- *d.* La "mala suerte": accidentes, circunstancias y coincidencias.
- e. La muerte en los compromisos: bodas, viajes, fiestas, vacaciones, jubilación y otros.
- *f.* Los juegos de la muerte: muertes en circunstancias extrañas o coincidencias.
- *g.* La muerte de los niños y centenarios: salvamentos milagrosos, incendios o conmemoraciones.

h. Muertes en serie: el misterio de las series comienza de dos en dos: muertes familiares, momentos, encuentros, profesiones y arrastres.

i. Muertes en grupo: lugares públicos, transportes y viviendas.

Sin embargo, dichos patrones parecen romperse en caso de los suicidios intencionales. Respecto a los dos últimos rubros, Andrau comenta que se vive solo, pero no se muere necesariamente solo, al menos en lo físico. Hay muertes que se producen de manera simultánea, o una después de otra, como formando una serie, independientemente de que nadie escapa a la muerte a lo largo del tiempo y del espacio. Andrau propone que las series comienzan de a dos muertes y reporta casos que difieren desde instantes hasta tres meses o un poco más; según ella, cotidianamente partimos o regresamos con cierto número de nuestros "covivientes", con los cuales podemos resultar "comuertos" a causa de un accidente. De ahí que, en las muertes en grupo como los derrumbes de puentes o edificios, la caída de aviones, el descarrilamiento de trenes, naufragios, explosiones, desbarrancamiento de autobuses de turistas, de niños o peregrinos, siempre quepa preguntarse si:

1. Ocurrió simplemente que el destino individual de cada viajero llegó a su término "previsto" en el preciso momento del drama, en un encuentro global generalmente no buscado.

2. El destino particularmente poderoso de alguno de los ocupantes del medio de transporte condenado a la tragedia agrupó de manera "compulsiva" y arrastró el destino de los demás. Las supersticiones populares afirman que tal o cual individuo puede traer mala suerte a quienes viajan con él.

3. Un destino misterioso reunió secretamente con un propósito preciso a esos "condenados" a morir al mismo tiempo.

La forma de vivir hoy en día multiplica las ocasiones de morir en gran escala, pues existen diferentes motivos y espacios para encontrarnos reunidos y dar lugar a la muerte masiva. En ésta se desdibuja la imagen de la muerte individual o personal, pero cuando las muertes superan una cifra determinada ya no podemos hablar de series o grupos, sino de muertes en masa. Al respecto Andrau piensa que la naturaleza nos impulsa a destruirnos masivamente y mediante cataclismos, corrigiendo sus errores de cálculo; además, dicha autora resalta la observación del hecho de que después de cada gran hecatombe guerrera hay un importante aumento de nacimientos de varones, "como si los soldados muertos tuvieran que ser reemplazados de inmediato". Por desgracia Andrau no reporta dónde realizó esta observación.

Hay en realidad series de muertes que podrían calificarse como "familiares", muchas veces debidas a una enfermedad hereditaria; no obstante, en ciertas familias suele presentarse la muerte sin que tome parte en ella ninguna enfermedad común. Por último, Andrau comenta dos aspectos que son centrales para los resultados de este trabajo: el primero es que en aldeas o lugares pequeños ocurren muertes consecutivas donde todo el mundo se conoce y donde pueden morir varias personas nada más de viejos, y la experiencia del autor en trabajo comunitario confirma esta observación. El segundo es que la muerte avisa por medio de sueños, presentimientos, comentarios o sucesos poco comunes; sin embargo, Andrau no profundiza más al respecto ni proporciona datos estadísticos confiables, pero da información que puede ser de utilidad.

Diversos autores han explorado el fenómeno de *inclinación a la muerte* asociado a eventos significativos, como cumpleaños y días festivos. No obstante, al realizar un estudio más detallado con métodos más sensibles para el análisis, encontraron que la relación había disminuido o desaparecido. Greiner y Pokorny (1989) estudiaron a 4 800 pacientes psiquiátricos hombres durante 1978 y parte de 1979, en un estudio prospectivo en el cual sucedieron 877 muertes y compararon cinco causas de muerte (suicidio, homicidio, accidente, enfermedades circulatorias y otras causas) con tres datos significativos (cumpleaños, Año Nuevo y Navidad), así como las frecuencias de muerte cinco semanas antes y cinco semanas después.

De los cinco grupos de las causas de muerte se observó que la frecuencia de accidentes antes y después era significativamente distinta en la fecha de cumpleaños, mientras que los datos para el suicidio eran significativamente diversos antes y después de Navidad y Año Nuevo. Por otra parte, no se encontró diferencia según el tipo de diagnóstico de los pacientes, pero en sus discusiones Greiner y Pokorny reportan estudios en los que en un análisis día a día no se halló una relación entre las tasas de suicidio y las fiestas navideñas, lo cual pone en duda la idea de "depresión navideña", para la cual, según otros autores, no existe suficiente base estadística.

También se ha estudiado la relación que existe entre eventos significativos y el momento de morir, dato que corroboramos con otro estudio que recién hemos terminado (Quintanar, García, Puente, Robles y Bazaldúa, en prensa). Se ha argumentado que el momento de muerte está   determinado no sólo biológicamente sino también psicológicamente. En la literatura psiquiátrica se han acuñado términos tales como el síndrome de la fiesta, neurosis de verano y reacción de aniversario para describir la coincidencia de enfermedad mental y/o muerte con otras fechas importantes en la vida de la persona.

M. Baltes (1977) realizó un estudio en el que comparó la frecuencia de muertes de 991 sujetos en el cumpleaños y de 932 para Navidad. Todos fueron niños y adolescentes clasificados en seis grupos de edad, se especificaron ocho intervalos semanales comparando cuatro semanas antes y cuatro después de Navidad o cumpleaños, de los grupos de edad se tomaron a los más jóvenes y a los más viejos y fueron graficados los resultados.

Los dos grupos graficados para cumpleaños y Navidad formaban una línea en forma de U, más acentuada para Navidad y menos marcada para el cumpleaños. Este dato también fue corroborado en el estudio citado que realizamos.

En las personas mayores, las principales causas de muerte se deben en primer lugar a enfermedades del aparato circulatorio, en segundo a síntomas de enfermedades mal definidas y en tercero a cáncer y tumores. Moragas (1991) resalta que la clasificación de las causas de muerte resulta equívoca, pues identificar una sola causa como determinante de la muerte no es correcto. La causalidad de la muerte es siempre múltiple y en el certificado de defunción se admite de modo tácito la causa múltiple al utilizar los términos: causa inmediata, causa intermedia y causa inicial. En el caso de las personas añosas, la situación se complica pues soportan condiciones patológicas múltiples e identificar una sola causa constituye en verdad una simplificación de la realidad.

Como ejemplo de lo anterior podemos ver el estudio de Avissail Alcántara-Vázquez y sus colaboradores (1993) respecto a la mortalidad de pacientes geriátricos del Hospital de México. De 1 211 protocolos considerados se investigó edad, sexo y diagnóstico anatomopatológico y fueron comparados los 10 padecimientos que se repitieron 10 o más veces en los períodos de 1960-1965 y 1981-1985; además, fue analizado el comportamiento de los padecimientos en cada uno de los dos períodos.

Aun cuando aquí no se tiene la intención de analizar los datos de los padecimientos, es necesario destacar que, según los autores, existen diferencias en la frecuencia de alteraciones que llevan a la muerte y que se fundamentan en factores genéticos y ambientales, pero dejan fuera factores psicológicos. Establecer la frecuencia de los diferentes tipos de enfermedades y formas de muerte en personas ancianas es fundamental para planear su prevención e intentar el descenso del número y gravedad de los enfermos, pero no necesariamente aclara los momentos en que ocurre la muerte.

En el caso de México, Krassoievitch (1993) reporta que no existen estadísticas precisas acerca del número de ancianos confinados en instituciones y se tiene la idea que la mayoría reside con su familia; 62% de los varones viven con su esposa e hijos y 52% de las mujeres, viudas en su mayoría, viven con sus hijos, nietos u otros familiares.

En nuestro medio existen tres tipos de instituciones asilares destinadas a la tercera edad: las del Estado, las religiosas y las particulares. En todas ellas, la mortalidad es más elevada proporcionalmente que en la comunidad, sobre todo en el primer año que sigue a la admisión, cuando llega a 50% en los medios más desfavorables. Hemos discutido si esta mortalidad corresponde a los factores ambientales o a condiciones de salud precarias desde antes del ingreso. Tanto Krassoievitch como Seligman coinciden en que el traslado a un ambiente institucional es la causa de este fenómeno.

Al igual que autores como R. Moody, E. Kubler-Ross y R. Kastenbaum, Seligman piensa que llega un momento en que se acumula tal cantidad de anécdotas extrañas que ya no pueden ser ignoradas por la comunidad científica. La muerte por hechizo es uno de esos casos y, aunque todavía no tenemos una explicación psicológica completa, muchos de sus antecedentes psicológicos están claros.

Hoy sabemos que la falta de control que el individuo puede tener sobre su ambiente es la principal causa de un estado de desamparo aprendido que puede llevar a la muerte.

En su libro *Indefensión*, Seligman reporta el estudio de Engel y sus colaboradores, quienes presentan pruebas de 170 casos de muertes repentinas durante estados de alta tensión psicológica recopilados a lo largo de seis años. Dicho autor clasifica los contextos psicológicos de estas muertes en ocho categorías: las cinco primeras implican indefensión o desamparo aprendido, pero también son confundidas con factores de riesgo suicida, a saber:

a. Enfermedad o muerte de un ser querido.
b. Duelo agudo.
c. Amenaza de pérdida de un ser querido.
d. Defunción o aniversario de defunción.
e. Pérdida de estatus y autoestima.
f. Presencia de situaciones peligrosas.
g. Durante un proceso de rescate.
h. Durante finales felices.

Aunque la causa inmediata de muerte generalmente era un fallo cardiaco, éste puede ser precedido tanto por un estado de sometimiento como por la agitación, pero el reporte del estado psicológico muestra que el desamparo aprendido y la desesperanza eran las emociones más extendidas.

En el caso de las instituciones y asilos para ancianos, la relación médico-paciente no está pensada para proporcionar al anciano un sentido de control. No son ponderados suficientemente los efectos psicosomáticos del ejercicio de la voluntad, el control activo sobre los acontecimientos y el deseo de vivir, de ahí que los ancianos sean los más susceptibles a la pérdida de control sobre su medio.

La finalidad del estudio acerca de las muertes en serie que hemos realizado consiste en identificar, mediante un análisis día a día, si existen diferencias en la distribución de las muertes en series reales contra las esperadas por azar, durante el período 1980 a 1993, en la población de una casa-hogar para ancianos en el Distrito Federal. Por el momento no se consideran datos de tipo epidemiológico, como origen, historia clínica médico-psicológica y las causas particulares de la muerte.

Para fines de ese trabajo relacionado con las muertes en serie, han sido definidas como aquellos fallecimientos que se presentan, en una población, de forma simultánea o consecutiva a lo largo de una semana o con siete días como máximo entre muerte y muerte, independientemente de la causa del fallecimiento.

El criterio temporal es arbitrario y parte de la observación clínica en diferentes asilos y hospitales. El autor lo propone como punto de referencia para el análisis de los datos, dado que las muertes en serie no se han reportado en la literatura aun cuando es posible observarlas en ciertas condiciones institucionales.

A lo largo del análisis de la información obtenida y en discusiones de los resultados y comentarios con otros investigadores se llegó a proponer que entre las muertes consecutivas existía una disposición a la muerte o algún tipo de vínculo (incluso inconsciente) entre una y otra. También se supuso que en realidad eran debidos al azar y que no obedecían a algún orden reconocible, lo cual hace suponer que eran independientes unas de otras a lo largo de un tiempo. Por otro lado, surgió la idea de que algunos factores correlacionados (como el sexo, la edad, eventos significativos o la enfermedad) pudieran explicar tal fenómeno. Por último, tampoco se podía ignorar la llamada *dependencia serial*, la cual es un concepto estadístico, de la técnica de análisis de series de tiempo (o modelos ARIMA) aplicable a frecuencias de datos que suceden de forma consecutiva en el tiempo, pero es una frecuencia que toma el número total de datos mas no el momento particular en que ocurren. Considerar esta particularidad temporal realizando un análisis día a día, es un elemento central para la investigación en la cual se trabajó en una casa-hogar con un promedio de 130 ancianos residentes; la condición de ingreso era que se valieran por ellos mismos y carecieran de familiares cercanos, además de no presentar problemas de tipo psiquiátrico y psicológico.

En el caso de la población estudiada para este trabajo, la mayoría de las mujeres se habían desempeñado como sirvientas, en tanto que los hombres se habían dedicado a trabajar de peones o vendedores; sólo 20% reciben una jubilación, 50% no tiene ingresos y 30% reciben ayuda económica de familiares u otras personas. Los residentes no tienen relaciones familiares, ya sea porque rehúsan mantenerlas o porque carecen de familiares cercanos, o se sienten rechazados. Quizá la observación más interesante es que no tienen amigos en la institución (55%) ni fuera de ella (40%).

Dicha información es importante debido a que los diferentes autores revisados resaltan la carencia de información estadística al respecto, además, muchos de los casos corresponden a muertes de una misma población de ancianos pero que sucedieron en lugares diferentes, como hospitales o casas de otras personas mientras fueron de visita, y en algunas situaciones en casas de familiares que los atendieron.

Se utilizó un formato de registro en el que se incluían sexo, edad, fecha de ingreso, y fecha y motivo de fallecimiento.

En 1990 el autor y una colaboradora establecimos con el director de una casa-hogar para ancianos y la jefa del servicio de psicología, y solicitamos autorización para realizar un análisis de los expedientes a cambio de apoyarlos en sus programas y actividades del servicio de psicología. Simultáneamente a esto y desde 1990 hasta principios de 1994 se hizo una revisión de expedientes, durante dos días a la semana, buscando el lugar y las fechas de muerte de los ancianos y fueron registradas simultáneamente las muertes que se presentaban a lo largo del período considerado. Tanto el autor como su colaboradora tenían sesiones de apoyo y supervisión, así como análisis de casos y orientación para trabajar los duelos por los ancianos atendidos y que morían a lo largo del tiempo que duró la investigación.

Para identificar si existen algunos conjuntos de datos que pudieran ser considerados series y si su presencia se debe o no al azar, se graficaron día a día los reportes de las muertes conforme ocurrían, con base en un mínimo de cero días a un máximo de siete. Como mencionamos anteriormente, este criterio se eligió y definió a partir de observaciones clínicas y los datos fueron catalogados como muertes reales.

Una vez graficadas las muertes reales, se calculó el número de muertes totales por cada año y se comparó la distribución real que tenían con la distribución esperada por azar, la cual fue obtenida mediante un doble sorteo por separado, según el número de muertes correspondientes a cada año, considerando para un sorteo el día y para el otro el mes, decesos que fueron llamados *muertes por azar*. A la distribución real y a la obtenida por sorteo se les graficó en una especie de *dendogramas*, con el número de día en el eje *Y* y el mes en el *X*, uniendo con líneas continuas las series encontradas en las muertes reales y con líneas punteadas las series obtenidas según la distribución por azar. De 1980 a 1990 fueron revisados los expedientes y se registraron las muertes tanto de hombres como de mujeres; y a partir de 1990 se trabajó directamente con los ancianos de la casa-hogar hasta 1994, y luego hasta el 2001, se les proporcionó apoyo emocional y conjuntamente con una psicóloga que trabajaba en ese lugar fueron organizadas actividades de apoyo psicológico, artístico y espiritual.

Figura 1. Reportes de muertes reales y al azar
en ancianos institucionalizados los años 1980 y 1981

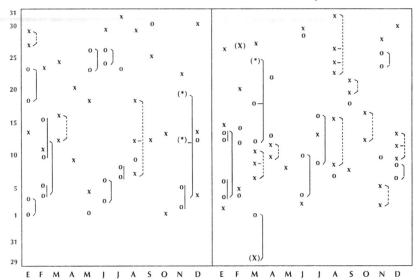

En esta figura se presentan las series reales y por azar correspondiente a los años 1980 y 1981 en una primera casa-hogar pública; con el símbolo "x" se representan las muertes por azar y con el símbolo "o" se representan las muertes reales. Las series reales se identifican con líneas continuas y con líneas punteadas por azar. Con el símbolo "*" se representan muertes reales simultáneas, las cuales se consideran una serie en sí misma; en noviembre de 1988 aparecen dos de estos símbolos. En febrero de 1981 se tiene un símbolo (X) que corresponde al mismo símbolo de marzo seguido de una "x" formando una serie entre febrero y marzo.

Un ejemplo de las muertes en serie es la figura 1 de las series para 1981, aquí observamos que hubo dos series de dos muertes, cada una en enero, un grupo de tres series en febrero, una en mayo, dos en junio, una en julio, y en noviembre existió un efecto peculiar, en este mes se presentaron dos muertes a la altura del día 19, formándose así una serie; después se presentaron dos muertes más a la altura del día 12 con lo que se formó tanto una serie con estas dos muertes como otra con los dos grupos de muertes, y posteriormente hubo dos muertes más: una el día primero y otra el 3 de noviembre, con lo cual se forma una nueva serie. Con esto vemos que en noviembre hubo un conjunto de cinco series. Respecto de las series de muertes obtenidas por azar, para 1980 se encontró que en enero ocurrió una, otra en marzo y dos continuas en agosto.

Se obtuvieron así 14 muertes reales contra cuatro por azar. Para 1981 hubo un patrón algo más elaborado; en enero se encontraron tres series reales, una en febrero, cuando se presentó una muerte el día 26 (la cual se marca con (X)) y a continuación hubo otra muerte el 1 de marzo, con lo cual al juntarlas se formó una serie con una diferencia de tres días, acumulándose un total de cuatro series para marzo, la última de la cual se formó con dos muertes el mismo día y se marcan con un asterisco entre paréntesis (*); en junio, julio, noviembre y diciembre se encontró una serie en cada uno de ellos, con lo cual se tuvo un total de 12 series de muertes reales. En las series obtenidas por la distribución al azar hubo dos en marzo, una en abril, cuatro en agosto, una en septiembre, otra en octubre, una más en noviembre y dos en diciembre. En total se encontraron 12 series de muertes reales y nueve series por la distribución al azar.

En el mismo caso se encontró que para 1991 se obtuvieron dos series continuas en los últimos días de febrero, una para mayo, junio y agosto, en noviembre se obtuvieron dos series continuas y en diciembre se tuvo una serie con dos muertes el mismo día. En el caso de las muertes obtenidas en distribución al azar, solamente se obtuvieron dos series: una en enero y la otra en abril. En total se tuvieron ocho series en la distribución real y dos en la distribución al azar de las muertes.

En 1992 se tuvieron dos series continuas en enero, la última de las cuales indica que el 24 de enero murieron tres personas (todas por diferente motivo); en mayo, septiembre y octubre ocurrió una muerte para cada una de ellas.

En el caso de series obtenidas por la distribución al azar, solamente se tuvo una para abril, agosto y octubre. En total se tuvieron cinco series en la distribución real de las muertes y tres en la distribución al azar. Para 1993, en la distribución real de las muertes se tuvieron una serie para febrero, marzo y julio y dos series continuas para octubre. En el caso de la distribución por azar, se tuvo solamente una serie para abril y junio. En total existieron cinco series en la distribución real y dos en la distribución al azar.

Mediante una prueba *t* fueron comparados los grupos de series: las reales contra las obtenidas por azar de los 14 años en que se cuantificó la frecuencia de series de muertes calculadas a partir de las frecuencias de muertes en cada año. En las gráficas tipo dendogramas observamos que en 1982 hubo cuatro series reales de muertes y cinco por azar, en 1984 tres series reales y ninguna por azar, y en 1989, 10 series reales contra nueve por azar. En los 11 años restantes, las series reales de muertes fueron mayores que las esperadas por azar. En total se tuvieron 14 años analizados, 105 series reales y 55 por azar, con un promedio de 7.5 series reales y 3.93 series por azar al año, lo cual dio un valor t significativo al 0.009%, que indica que las series de muertes reales no se deben al azar, que hay alguna relación entre serie y serie pero por el momento no se pueden saber sus posible causas, pues algunas muertes fueron simultáneas y aunque en algunas hubo diferencia de un día entre muerte y muerte, no siempre quien moría tenía noticia de un fallecimiento anterior. Por último, no se encontró alguna diferencia o relación importante con el sexo, la edad o fecha significativa.

Figura 2. Reporte de muertes reales y al azar en casa-hogar pública en 2000 y 2001

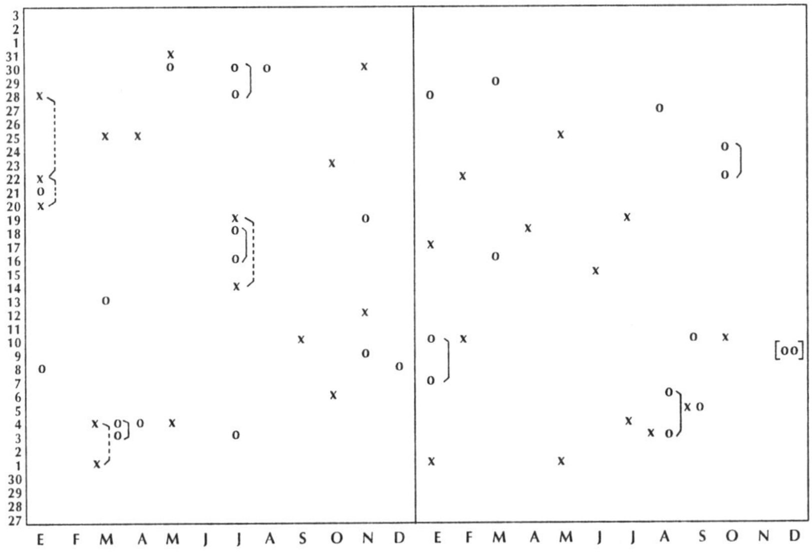

Datos obtenidos del período 1992-2002 en 195 casos de defunción de la población de casa-hogar. México, D.F. 2003.

La figura 2 muestra los datos correspondientes a 2000 y 2001 en otra casa-hogar pública. En 2000 hubo una serie de muertes reales en marzo y dos series independientes en julio. En las series formadas por la distribución aleatoria de las muertes obtuvimos dos series consecutivas en enero, otra en marzo y otra más en julio. De esta forma ocurrieron tres series de muertes reales contra cuatro series mediante la distribución al azar. Éste fue uno de dos casos, en más de 10 años, en el que la distribución aleatoria superó a la distribución real de las muertes en la población de esta casa-hogar.

En 2001 hubo una serie de muertes en distribución real durante enero, agosto, octubre y diciembre, en este último mes ocurrió una serie de dos muertes el mismo día. Respecto a la distribución de las series de muertes por azar, no obtuvimos ninguna serie. En este caso acontecieron cuatro series de muertes con distribución real contra ninguna serie en distribución al azar.

**Figura 3. Reportes de muertes reales y al azar
en ancianos en casa-hogar religiosa en 2000 y 2001**

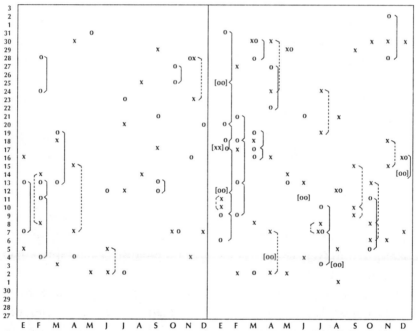

Datos obtenidos del período 1998-2002 en 150 casos de defunción de la población de casa-hogar. Edo. de Méx. 2004.

La figura 3 muestra los datos de 2000 y 2001 para una casa-hogar de tipo religioso. En 2000 se encontró una serie por distribución real en enero, dos series consecutivas en febrero y otra serie independiente en este mes. Para marzo, septiembre, octubre se obtuvo una serie independiente. Respecto a las muertes formadas por el azar hubo una serie para febrero, abril, junio y noviembre. En total se obtuvieron siete series en la distribución real y cuatro en la distribución al azar de las muertes.

Para 2001 se obtuvieron nueve series consecutivas de muertes por distribución real en enero, dos de ellas constituidas por series de dos muertes el mismo día. En febrero ocurrieron tres series consecutivas, y en marzo otras dos y una serie independiente. En abril hubo una serie independiente y otra de dos muertes el mismo día, mientras que en junio y agosto también se encontró una serie de dos muertes el mismo día; en julio existieron dos series consecutivas, para octubre y noviembre se encontró una serie independiente; por último, en diciembre encontramos dos series consecutivas, una de ellas con dos muertes el mismo día. En cuanto a las muertes obtenidas por azar en este año, ocurrieron tres series consecutivas en enero, dos series independientes en abril, dos en julio, una en agosto y otra en noviembre. En septiembre hubo dos series consecutivas, al igual que en octubre, todo lo cual dio un total de 25 series reales contra 13 por azar.

Según los datos obtenidos efectivamente, observamos un efecto de muertes en serie reales que son significativamente distintas de las esperadas por azar. El efecto de las muertes en serie es ocultado al considerar el total de los datos o la frecuencia por períodos o categorías diagnósticas; los análisis de frecuencias son de mucha utilidad para estudios epidemiológicos y el diseño de estrategias preventivas o programas de intervención, y las técnicas de estadística descriptiva han permitido comprender una gran variedad de causas de muerte, pero al tomar los datos en conjunto pueden ocultar una comportamiento de los datos que solamente aparece al hacer análisis más individuales; por esta razón es necesario llevar a cabo el análisis día a día. Los datos de este estudio confirman la idea de Andrau respecto a que hay un fenómeno en la muerte en el cual se presenta algún tipo de vínculo entre muertes consecutivas y no debidas al azar. Es significativo que en la casa-hogar sea manifiesto el distanciamiento que existe entre los ancianos, tanto entre ellos como con sus familiares, amistades y la comunidad. Es importante tener en cuenta esta observación porque debilita la idea de que quienes mueren en forma seriada o consecutiva tenían alguna relación o vínculo entre sí.

Una condición interesante es la de que las muertes en serie no se vinculaban con un tipo de diagnóstico en lo particular y eran independientes del sexo de los ancianos que fallecían. Sin embargo, las muertes en serie aparecían cuando era registrado día a día el suceso del fallecimiento y no el total por semana, como generalmente se reportan; además, debemos considerar que se graficaron las muertes de todos los ancianos de la misma población independientemente del lugar donde ocurrían. Hubo casos de ancianas que morían el mismo día, pero una en el hospital y otra en su habitación sin saber aun la muerte de la otra, es decir, las muertes en serie no necesariamente parecen tener límites espaciales.

Dado el carácter inicial y exploratorio de ese estudio, ahora es necesario hacer un análisis más detallado de otros factores no tomados en cuenta, pero en estudios que rescaten la aproximación metodológica con la cual fue realizada esa investigación: concretamente el análisis día a día y la representación en dendogramas más que en gráficas acumulativas o de barras. También es recomendable contar con un equipo de apoyo psicológico para quienes trabajen con problemas relacionados con la muerte y el morir. Cabe recordar que muchas de las muertes que se reportaron pueden ser consideradas formas pasivas de suicidio; en otras hubo una clara muestra de lo inevitable de la muerte por alguna enfermedad, pero quedan en pie las preguntas: ¿cómo suceden esas secuencias de muerte que llegan a formar una serie? La segunda podríamos plantearla en términos de: si es válido el fénomeno de las muertes en serie, ¿es posible que éste también se cumpla para el caso de series de muertes que se inician con un suicidio abierto u oculto?

Antes de finalizar este capítulo cabe señalar que el tema tratado en este apartado debe ser entendido como una forma de plantear otra alternativa para comprender el suicidio. El comportamiento suicida no puede ser estudiado sólo desde un planteamiento básicamente psiquiátrico, pues hay otros factores en juego que participan en esta forma de morir. No tenemos todas las respuestas, por lo cual las preguntas están en el aire.

Casos suicidas

En el presente apartado mostraremos algunos casos de sucidio e intento suicida que tuvimos oportunidad de atender. Comentaremos brevemente algunos de ellos sin entrar en profundidades, algunos más completos y detallados que otros por considerarlos de particular interés. En aquellos que fue posible, incorporamos las notas suicidas que luego también están incluidas en el apartado acerca de métodos de investigación del suicidio. En algunos casos nos extendemos más por considerar importante la historia dada para la persona en cuestión; aun cuando ya mencionamos las notas, decidimos dejarlas para reconocer el contexto en que ocurrieron.

1. JAM

De 71 años, católico y soltero, se suicidó por congestión visceral generalizada (encontraron un anafre en su recámara). Era jubilado del IMSS, fue identificado por su hermano, no tenía hijos y era originario del DF. Hace cuatro meses fue operado de hemorroides en el IMSS y dos meses después se le operó de la próstata.

JAM estudió dos años de medicina; tenía tres hermanos y tres hermanas, una de las cuales es finada. Al parecer, la última vez que lo vieron no habló de deseos de morir, sino que decía sentirse bien. Dejó la siguiente nota póstuma:

> "CA: Entrega por favor todo el dinero a GM.
>
> EG: Por medio del Seguro Social arregla todo; quiero estar con papá y mamá, nada de quemarme. K: recoge dos televisores a color y blanco y negro. EG: gracias por tu bondad; que Dios y todos me perdonen".

2. CNM

Tenía 37 años cuando murió asfixiado por ahorcamiento; tenía primaria completa y era originario de Irapuato. Se dedicaba al negocio de la impresión, estaba casado desde hacía 15 años y tenía cuatro hijos: de 14, 12, 10 y 2 años.

Era el menor de ocho hermanos, su esposa informó que desde hacía dos días estaba muy intranquilo pero que no le dijo por qué, ni era partidario de llevar visitas a la casa. Un día antes le dijo que ella se quedara con su suegra para que la cuidara por estar enferma, y quedó en pasar al día siguiente por ella para ir a una fiesta. No reportó problemas familiares serios entre ellos, ni había antecedentes de drogas o adicciones de algún tipo, ni informó de problemas económicos. La nota póstuma que dejó decía lo siguiente:

> "A mi familia y a todos los que ofendí les pido mil perdones por no saber hacer nada bien; que Dios los bendiga a todos. Dios, perdóname".

3. TO

Era un joven de 17 años que había llegado al Hospital Psiquiátrico Infantil "Doctor Juan N. Navarro" por encontrarse en un estado profundo de tristeza, deprimido y sin querer hablar con nadie. Cuando llegó al hospital se le hizo una entrevista clínica y se le orientó para estar en el pabellón. La información la proporcionó su madre, pero ésta no sabía las causas de lo sucedido. TO solamente decía que no se sentía a gusto con nadie y que no sabía qué hacer. No se observaron indicios de que fumara o que consumiera drogas o alcohol. Vivía en una de las zonas más pobres del norte de la ciudad de México; en su casa vivían tres hermanas, una de ellas casada y con un bebé de siete meses; él era el menor de la familia y su madre se dedicaba al hogar y su padre había sido comandante de la policía estatal. Su casa era de dos niveles, asentada en un terreno irregular; al entrar, del lado izquierdo se encontraba una escalera de cemento que daba tres vueltas con un descanso y en la parte superior tenía una viga; el resto de la casa estaba arreglada de manera modesta pero limpia, y toda la familia había construido la casa.

Desde el principio se invitó a TO a participar en las actividades dentro del hospital y por ser alto y de complexión atlética los pacientes de menor edad se acercaban a él para sentirse seguros, pues TO los protegía de los más agresivos. No hablaba con nadie, pero colaboraba y permanecía en silencio al realizar sus actividades. Por el efecto del medicamento se sentía adormilado, pero cada vez que podía participar en otra actividad lo hacía. El director del pabellón era conocido por actuar con cierta prepotencia y despotismo, casi no consideraba las sugerencias de los psicólogos, centraba su atención en proporcionar tratamiento medicamentoso, y exigió que no se tocara para nada a los pacientes y que no fueran tomados los expedientes. Una sugerencia que se había hecho al director del pabellón era que, antes de darlo de alta, se consultara a la familia y se hablara con ella, pero esta sugerencia fue pasada por alto.

Un viernes llegué al hospital y al entrar al pabellón me enteré de que a TO lo habían dado de alta. Transcurrió el fin de semana y al llegar el lunes encontramos a un par de compañeras; lo primero que nos dijeron fue: "¿a que no sabes quién regresó?" Les dijimos que no teníamos idea y nos pidieron que fuéramos al área de enfermería del pabellón, pero que lo que encontraríamos no iba a ser muy agradable. Así lo hicimos y al abrir la puerta lo primero que vimos fue a TO con el cuello totalmente lastimado, sin piel y con el músculo y tejido graso expuesto a lo largo de la herida; además, tenía un ojo totalmente morado, el pómulo abierto casi con exposición de hueso y con una abertura en la cabeza.

Al averiguar lo sucedido nos enteramos de que TO había intentado suicidarse en las escaleras de su casa y lo encontraron a tiempo para salvarle la vida. Solicitamos orientación y asesoría para atender el caso, pero se nos sugirió que no intentáramos nada que no fuera indicado en el hospital. Nos reunimos cuatro personas: una trabajadora social, dos estudiantes avanzadas de psicología de diferentes universidades y el autor. Junto con las estudiantes decidimos hacer una visita a la casa de TO y averiguar lo que había sucedido; a partir de ese momento iniciamos por nuestra cuenta una serie de asesorías con TO y su familia junto con una serie de entrevistas individuales.

Al hablar con TO encontramos que todo se inició desde hacía casi tres años cuando él decidió alcanzar a dos de sus hermanos que vivían en algún lugar de Estados Unidos y de quienes percibía que sus padres tenían cierto orgullo; les platicó a sus padres su idea y ellos lo apoyaron, establecieron contacto con sus hermanos y se fue para allá. Al llegar, TO notó que no recibía el trato que esperaba, sus hermanos lo recibieron, pero algo pasaba y él no lo entendía. Pocas semanas después se dio cuenta de que sus hermanos eran adictos a las drogas, lo cual no le gustó, pero comprendió que era algo que no podía decir a sus padres.

Cierto día TO llegó de trabajar a su casa con sus hermanos y vio que había una reunión con sus amigos; al entrar, todos lo invitaron a reunirse con ellos en la fiesta y le ofrecieron cervezas y bebidas que él no supo rechazar; al poco rato empezaron a presionarlo para que consumiera alguna droga y fumara mariguana, pero como TO se negó sus hermanos y amistades se molestaron y lo obligaron a tener relaciones con ellos. Sufrió una violación tumultuaria en la cual también participaron sus hermanos. TO no supo qué hacer ni a dónde ir. Al poco tiempo regresó a casa de sus padres y a los pocos meses su tristeza era tal que ingresó al hospital. Todos estos datos no estaban anotados en el expediente, razón por la cual no había antecedentes claros.

Al realizar la primera visita al hogar, observamos que la familia mantenía relaciones de dominio oculto entre los padres. El papá era muy dominante y no escuchaba a la madre ni a las hijas, mientras que la mamá era muy reservada y procuraba no molestar a su cónyuge; entre ambos sacaron adelante al hogar y tampoco se tenían otras preocupaciones, aparte de las propias, para mantener a los hijos. Al pedirles que mostraran cómo sucedió todo, nos explicaron que el fin de semana pasado habían pensado en salir a hacer compras en familia, pues habían notado que TO se encontraba tranquilo después que salió del hospital. Por la tarde del sábado salieron los padres de TO, sus dos hermanas, unas sobrinas y su cuñado a hacer compras cuando una de las hermanas se acordó de que no traía suéter y regresó por uno. Al llegar a la casa le llamó la atención que al tocar no le abrieran la puerta y al entrar le sorprendió ver que TO se mecía colgado del cuello, por lo cual ella gritó y salió corriendo a pedir ayuda. El papá de TO regresó, espantado vio cómo salvar a su hijo y trató de sostenerlo de los tobillos y gritaba: "¡un machete, traigan un machete!" Llegó corriendo una de las hermanas de TO y cortó la cuerda mientras el papá aún lo sostenía de los tobillos; por esta razón, TO cayó inconsciente al piso sobre su pómulo izquierdo, llegando a reventarse la piel y dejar expuesto parte del hueso y abriéndose la frente. Llevaron a TO a una clínica y de ahí lo enviaron al hospital psiquiátrico.

Cuando pudimos enterarnos de lo que había sucedido y decidimos hacer una serie de visitas a la casa de TO, vimos que casi nadie trataba el tema o lo hacía de manera muy superficial, lo cual nos hacía difícil abordar la necesidad de plantear el apoyo terapéutico. Entonces pedimos al padre que nos mostrara las habitaciones de TO y al hacerlo notamos que caminaba viendo hacia el piso, mientras explicaba con voz hueca lo que era de TO; al pasar por la escalera subimos unos escalones y el señor no quería ver lo que hacía. Entonces salté hacia la viga y dejé que mi cuerpo se meciera mientras le decía "¿es así como encontraron a TO?" De pronto el señor empezó a gritar: "¡no hijo, no hijito!, ¡bájate de ahí hijo, no hagas eso!" En ese momento, el señor me tomó de los tobillos y trataba de levantarlos. Me había confundido con su hijo y reaccionó igual que cuando lo encontró, de pronto el señor gritó: "¡Nooo, doctor, no haga eso!" y fue prácticamente la primera vez que lloró. Llegaron los demás familiares y entonces nos ayudaron a bajarnos y abrazaron a su papá y todos comenzaron a llorar.

A partir de ese momento nos fuimos a la sala y por primera vez empezaron a platicar de qué era lo que pensaban y sentían cada uno de ellos. Reconocieron que no habían dado a TO el apoyo que necesitaba, que habían tenido los ojos cerrados a lo que hacían los hermanos mayores. Los padres empezaron a discutir entre ellos, pero una de las hijas marcó un alto y les dijo que ya era suficiente eso, que TO había llegado al tope porque nadie entre ellos se escuchaba y todo se lo callaban. Pidió que los padres pusieran de su parte para tratar a TO y esta condición fue bien vista por todos.

Después de lo anterior se estableció el contacto con una terapeuta particular que estuvo atendiendo a TO por casi dos años. Hicimos algunas visitas al hogar por parte del hospital y proporcionamos orientación a la familia. Casi año y medio después encontramos a TO en un centro comercial: estaba de compras y se le veía bien, ya trabajaba y se le notaba contento; además, no usaba medicamento y no volvió a ver a los hermanos. En el cuello y el pómulo aún se le notaba la marca de su intento suicida.

4. RI

Hombre adulto de 41 años, vivía en la zona de Zipolite, cerca de la playa nudista más importante del estado de Oaxaca. Tenía una esposa que había realizado estudios en educación especial en España, él era de origen gitano y tenían dos hijos pequeños: uno de casi cinco años y otro de poco más de uno.

Su esposa (ND) había asistido en algunas sesiones a consulta con el autor a sugerencia de la directora de un centro de atención a la comunidad para personas con discapacidad llamado Piña Palmera, localizado en las costas oaxaqueñas. La esposa de RI colaboraba en Piña Palmera proporcionando apoyo a niños con problemas de aprendizaje y discapacidad. Ella había buscado consulta argumentando que las relaciones entre RI y los padres de ella no iban bien. Al valorar la situación, detectamos lo siguiente.

ND decía que RI era una persona muy especial; se conocieron en España mientras ella realizaba estudios de posgrado, empezaron a vivir juntos y al estilo gitano, lo cual no les parecía a los padres de ND. Años después se vinieron a México. RI hacía manualidades, pero ND trabajaba formalmente, justificaba este proceder pensando que era cierto lo que le decía RI. Él pensaba que era una persona especial, que debía buscar la pureza y que por esa razón no debía manchar y ensuciar su trabajo con el dinero. Por eso RI trabajaba no para tener dinero sino para buscar la pureza y trascender lo terrenal; sin embargo, solicitaba a ND que le preparara los alimentos y estuviera al pendiente de él.

Durante el trabajo realizado era evidente que ND no quería realmente recibir ayuda, sino justificar el proceder de RI. Hablaba con cierta fascinación de RI y se lamentaba de que sus padres no entendieran lo que él buscaba, y le parecía que sus hijos estaban bien atendidos; de hecho buscaba tener actualizada la carta astral de sus hijos y solía orientarse en algunas cosas según lo que decía su horóscopo. ND era desinhibida y gustaba de la danza, con la cual complementaba sus ingresos, pero al explicarle lo que parecía ser una relación disfuncional a ND, le sorprendió la observación, guardó silencio y marcó distancia. Se le señaló que en algunas formas de vida, si no hay compromiso realista, se tienen muchos riesgos (ambos llegaron a consumir alguna droga, pero al parecer no era algo cotidiano). Se le indicó la trascendencia que pueden tener, tanto en los hijos como en la pareja, las diferencias culturales, las complicaciones que pueden tener las demandas familiares con los hijos pequeños, y se le planteó la carga que podía tener ella con tantas demandas.

ND no siguió con regularidad el tratamiento. Cuando el autor llegaba a la comunidad había veces que ND platicaba con él, le decía que tenía muchas cosas por hablar pero que luego lo buscaría. Era evidente que las fricciones entre ND y RI aumentaban en intensidad hasta que un día llegó ND de trabajar y con sus hijos cuando, al entrar en su casa, vio que RI se había dado un disparo en la cabeza mientras ella estaba fuera. ND no ha querido hablar del tema con nadie.

5. AT

Mujer joven de 15 años, estudiante de primer año de preparatoria en una escuela particular. Practicaba tae kwon do, tenía a su madre, su hermanita menor de 2 años y medio, y su padre había muerto en un accidente automovilístico un año y medio antes. Un día que no se encontraba su madre en la casa decidió colgarse, no sin antes haber dejado una carta escrita que decía lo siguiente (*nota*: la expresión "creo" siempre la escribía "crrreo", con tres eres):

> Crrreo que hoy sí necesito escribir no sólo porque crrreo haberle fallado a mi hermana, sino porque estoy consciente de lo que es y de lo que no es mi vida. Cada uno dice sus mentiras, unas caen, otras se quedan guardadas, pero por mucho que te esfuerces en realmente creerte tu mentira, no lo haces del todo.
>
> En realidad mi vida es toda una farsa, nada de lo que digo haber sido es cierto.
>
> Lo siento.
>   Lamento haber sido lo que soy.
>   Lamento no haber sido lo que no soy.
>   La vida es bella cuando realmente la vives y no sólo
>   finges vivirla.
>   Lamento todo.

El cuerpo de AT fue encontrado por su hermanita menor en la tina del baño.

6. MA

Mujer de 32 años, de piel blanca, 1.58 de estatura, con facciones atractivas y cuerpo proporcionado, estaba bajo tratamiento médico de una infección en los riñones; la información la proporcionan su padre y su hermano mayor, ambos médicos. Ellos reportan que MA tenía una infección en los riñones y que le habían dado su tratamiento, pero el medicamento tenía como efectos colaterales inducir a un estado de irritabilidad crónica y nerviosismo. MA se sometía al tratamiento que duró varias semanas y empezó a notar que se sentía muy angustiada, por lo cual informó tanto a su padre como a su hermano que no se sentía bien; ellos le dijeron que tratara de aguantarse y que soportara el tratamiento, pues terminaría en una semana y media. Un día mencionó que no se sentía bien, que estaba deprimida, bajó a comer con su familia y casi no consumió nada; dijo que no se sentía bien y que subiría a su cuarto. Poco después, su familia notó que no había ruido y al subir al cuarto de MA la encontraron colgada de una puerta en el interior de su habitación.

Cabe señalar que MA tenía muy dañado el cuello. Se colgó con un cordón de material sintético, resistente y delgado. Cuando revisamos su cuerpo en el Semefo del DDF notamos que tenía casi desprendida la mitad del cuello, pero no había perdido el cuidado de sus pies y manos, ni la higiene de su cabello, cuerpo y dentadura.

Al hablar con su padre y su hermano no había muestra de dolor, pero sí mucha contención de las emociones. Todo lo atribuían a efectos del medicamento, pero nunca pensaron que pudiera afectarla tanto.

7. RJ

Es una joven estudiante de 19 años que se encontraba estudiando la preparatoria. Vivía con su hermana y su cuñado y convivía con su familia. Un día solicitó ser atendida pues había intentado suicidarse consumiendo unas pastillas. Al entrevistarla notamos que su hermana y el cuñado de RJ estaban muy desconcertados con ella por haber intentado suicidarse. Pedimos que nos permitieran trabajar con ella a domicilio y esto nos permitió comprender mejor su medio y condición de vida.

RJ había quedado huérfana desde casi los cuatro años y había vivido con sus tías, pues su hermana mayor se había ido a vivir con otros familiares al sureste mexicano. Ha aceptado el apoyo, se sentía mal por problemas en la escuela. Su hermana la encontró a tiempo, hoy su deseo es seguir adelante y saber que las cosas de la vida pasan y siguen.

8. DS

En un día de 1988, al entrar a un cuarto húmedo, sucio y frío, encontraron el cuerpo de DS tirado en el suelo y rodeado de sangre seca; cerca de ella estaba una vieja pistola: se había dado un disparo en el corazón y había una nota póstuma escrita con dificultad que decía:

> No sé quién encontrará esta nota; sea quien sea, le pido que me ayude y realice los trámites legales que mi acción contenga.
>
> Estoy sola desde hace casi 20 años y a los 77 no tengo nada qué hacer, no tengo familia ni amigos; la artritis me ha consumido y el cuerpo se me ha deformado, ya no puedo caminar y casi estoy ciega. La pistola la guardé para un momento como éste, pero está tan

vieja que puede explotar sin que salga el disparo, por lo oxidada que
se encuentra; sólo tengo una bala y le pido al Señor que sirva y me
permita terminar con el infierno en el que se ha convertido mi vida.

Nadie es culpable de mi muerte; la vida me ha traído hasta este
momento, que es el último que puedo soportar; no lo hice antes por
temor a Dios y a la muerte, pero ya no tengo esperanza ni familia
alguna que me apoye; tampoco tengo grandes pertenencias ni gente
que venga a visitarme. Le pido a Dios que me reciba y me perdone
en todos mis errores. Sólo espero que la bala sirva y me mate instantáneamente; no soportaría más agonía de la que ya tengo.

Cuando recibimos el cuerpo en el Servicio Médico Forense del DDF no
hubo nadie que preguntara por ella o que diera indicios de saber que
existía. La autopsia reveló que tenía casi tres días de muerta.

El caso de RF entre el suicidio pasivo y la indefensión o desamparo aprendido

Historia clínica

1. *Datos de identificación*. Se trata de una paciente del sexo femenino
de 64 años de edad, residente en una casa-hogar para ancianos perte-
neciente al sistema DIF. Tiene escolaridad de tercer año primaria, es católica y originaria de un pueblo de Jalisco.

2. *Motivo de ingreso*. Ingresó a la casa-hogar por carecer prácticamente de familiares que pudieran apoyarla moral y económicamente,
pues no tenía medios económicos propios y padecía cáncer. La paciente relata que hace cuatro años se sintió mal durante varios meses y
el médico del pueblo no pudo decirle qué tenía. Empezó a sangrar por
la matriz muy seguido, pero no recibió atención médica hasta que un
día que estaba sola en su casa se puso muy mal y fue a un consultorio
en el pueblo; de ahí la llevaron a una clínica, donde los médicos la de-
jaron internada pero como no reportó nada de su familia, nadie la lo-
calizó. De la clínica la llevaron a un hospital en Guadalajara porque seguía sangrando levemente pero de manera continua. De ese hospital la
trajeron a México al Hospital General Rubén Leñero, donde permaneció internada por varios meses (casi siete) y la dieron de alta debido
a que mostraba signos de recuperación. Ella explicó que no podía pa-

gar el tratamiento, que no conocía a nadie y no tenía dónde vivir. Una trabajadora social del HGRL la orientó y consiguió que una fundación pagara los gastos de su tratamiento, pero, aun así, fue necesario que dejara el servicio y buscara dónde vivir. La señora RF recorrió las calles de la ciudad de México casi durante tres días hasta que alguien la orientó en cuanto a cómo llegar a la casa-hogar del DIF. Ya en la casa-hogar proporcionó datos generales de una familia lejana que quizá podía ayudarla. El resultado general de la investigación fue que su familia en Jalisco pensó que había dejado la casa y no quisieron saber nada de ella, argumentando que los había abandonado. Su familia lejana en México comentó que no podía atenderla y que quizá la verían de vez en cuando, lo cual casi nunca hizo.

3. *Padecimiento actual.* 18 meses antes de su ingreso presentó metrorragias y leucorrea. En el Hospital General de México fue tratada con radioterapia externa e intracavitaria por diagnóstico de carcinoma epidermoide estadio III. Permaneció asintomática durante un año y fue atendida como externa en ese hospital. Durante 1985 padeció problemas de vías respiratorias altas y en 1986 presentó un cuadro de amibiasis. El 2 de abril fue internada en la sección de enfermería de la casa-hogar por un cuadro doloroso en la zona inferior del abdomen tipo cólico, acompañado con evacuaciones con estrías de sangre, náuseas y vómito. En mayo se le descubrieron tumoraciones abdominales dolorosas, además de anorexia, polidipsia, disuria y dolores en miembros inferiores, con deshidratación. En marzo de 1986 se reportó cefalea y depresión que coincide con su retiro de las labores en la cocina por órdenes del director; a partir de ese momento se presentaron diferentes complicaciones, incluidas depresión y metástasis que afectaba la parte inferior de los intestinos, la matriz y la vejiga. En abril se agregó apatía y se inició terapia de apoyo por psicología.

El 30 de abril fue internada nuevamente con un cuadro psiquiátrico caracterizado por mirada vaga, cefalea suboccipital sin lateralización, confusión mental, poco cooperadora, con lenguaje monosilábico, y respondía con dificultad al interrogatorio. El 2 de mayo la paciente estaba verborreica con lenguaje incoherente; después se le observó desorientada y confusa. Ese día se solicitó consulta psiquiátrica, y la paciente reportó soliloquios, ideas de persecución y labilidad emocional, con coordinación momentánea de ideas y después incongruencia, con fallas de memoria anterógrada. El 23 de mayo se observó acentuación del cuadro depresivo con movimientos involuntarios de la mano izquierda, deseos de querer morir y llanto. Se le aplicó media ampolleta de diazepán y desapareció el cuadro; el 27 de mayo manifestó deseos de morir y de que la dejaran en paz. El 2 de junio fue trasladada al Hospital Rubén Leñero, donde falleció dos días después, por lo cual su cuerpo fue enviado a la fosa común debido a que sus familiares no la reclamaron.

4. *Motivo del estudio.* Se solicitó la intervención del psicólogo y del médico psiquiatra del INSaMe DIF, debido a que RF había entrado en una depresión profunda y se negaba a comer porque las autoridades del centro la habían retirado de sus ocupaciones en la cocina de la casa-hogar, debido a quejas que algunos residentes le habían hecho llegar al director, argumentando que tenían miedo a que los contagiara de cáncer cuando la señora RF les servía la comida. A partir de su retiro tuvo un deterioro físico generalizado.

5. *Historia familiar.*

5.1. Padre: fallecido por un coraje a los 60 años de edad cuando la paciente tenía 6 años.

5.2. Madre: falleció por cardiopatía a los 37 cuando la paciente tenía 16 años de edad.

5.3. Hermanos: tuvo una hermana mayor que falleció a los 43 años por un tumor cerebral y que tuvo dos matrimonios; del primero nacieron cinco hijos: tres varones y dos mujeres. Una de ellas visita a la paciente muy rara vez, pero de los otros no sabe nada. Del segundo matrimonio la hermana tuvo un hijo y una hija, la cual tiene más relación con la paciente, pero tampoco se hace responsable de su atención; de hecho, la relación es fría y distante.

6. *Historia personal.*

6.1. Antecedentes personales patológicos: niega antecedentes inmunológicos; padeció sarampión, varicela y tos ferina en la infancia, así como escarlatina a los 25 años durante su segundo embarazo y apendicectomía a los 39. A los 50 resultó politraumatizada por un accidente automovilístico y sufrió parálisis facial *a frigori* hace seis años, que dejó leve secuela en su cara.

6.2. Historia escolar: asistió hasta el tercer año de primaria.

6.3. Historia laboral: desde muy joven trabajó en labores domésticas y con el tiempo llegó a trabajar en un comedor de estudios cinematográficos.

6.4. Historia marital: después de quedar huérfana se unió libremente con su novio, con quien procreó un hijo. Luego de dos años y medio, el padre del niño se lo quitó con argucias legales, declarando que ella no podía atenderlo porque tenía que trabajar; sin embargo, le permitía verlo cada ocho días y en ocasiones pasaba cortas temporadas con ella. A partir de que su hijo tuvo 17 años no ha vuelto a verlo porque el padre se lo llevó. Tiempo después de esta separación tuvo su segunda unión libre sin procrear hijos. Hace 16 años su pareja se fue a Estados Unidos a trabajar y le enviaba mensualmente dinero para su manutención, pero desde hace siete años dejó de recibir noticias de él. Ante ello, se fue a vivir con una hermana de éste en un pueblo de Jalisco. Después de un año presentó las metrorragias y la leucorrea (indicadas anteriormente).

7. *Exploración física.*
DATOS DE LA ÚLTIMA SEMANA DE MAYO

7.1. Inspección general: se trata de una anciana muy adelgazada, pálida, deshidratada, que no puede caminar, recostada en decúbito lateral derecho, con actitud de encogimiento de los miembros inferiores y un poco los superiores, con facies depresiva y dolorosa, y que coopera poco a la exploración.

7.2. Datos generales: hasta antes de la exploración pesaba 44 kg; presión arterial, 120/80; pulso, 84/min; respiración, 24/min y temperatura 37 °C.

7.3. Cabeza: pelo entrecano en malas condiciones de aseo y aliño, ojos hundidos, conjuntivas pálidas, arco senil presente, boca poco seca al igual que mucosas y lengua, no se palpan ganglios, cuello adelgazado y se aprecia latido supraesternal y supraclavicular.

7.4. Tórax: con ligero tiro supraclavicular ligeramente enfisematoso, con movilidad disminuida a la respiración.

7.5. Abdomen: en batea, a la palpación se aprecian dos tumoraciones, una superior semiesférica de bordes nítidos y diámetro de 6 cm entre el epigastrio y el mesogastrio en la línea media y otra inferior con eje mayor transversal y bordes no bien definidos de 15 x 17 cm, ambos dolorosos y fijos a los planos profundos. Dolor a la palpación en marco cólico, especialmente en las fosas iliacas.

7.6. Miembros inferiores: dolor a la palpación profunda y a la percusión en crestas iliacas, fémur, tibia y peroné bilaterales con hipotrofia muscular generalizada.

7.7. Exploración ano-rectal: se aprecian hemorroides mixtas ulceradas y sangrantes y la ámpula rectal está endurecida en su pared, inflamada y sangrante.

7.8. Exploración ginecológica: una tumoración leñosa, dolorosa y sangrante.

7.9. Exploración neurológica: marcha y estación de pies imposibles; pupilas simétricas con midriasis leve, reflejos disminuidos a la luz y a la acomodación; paresia facial derecha y tono y fuerza muy disminuidos, con mayor afectación en el hemicuerpo izquierdo. La coordinación muscular en los miembros superiores está disminuida, el lado izquierdo con franca disimetría; tiene disminuidos los reflejos osteotendinosos sin datos de lateralización; la sensibilidad táctil y la termoalgésica están conservadas, lo mismo que la sensibilidad profunda. Su capacidad para reconocer diferencias con el tacto está disminuida.

8. *Examen mental.* Se encuentra parcialmente orientada en tiempo y bien orientada en espacio y persona; su atención se halla disminuida; presenta alteración en la intensidad de la voz y en ocasiones resulta poco audible; su lenguaje es incongruente y circunstancial acerca del tema de sus sobrinos, que es su "única familia" y la tienen "abandonada"; su capacidad de cálculo está disminuida; se observa afasia verbal de nombres, reconoce objetos pero no puede repetir el nombre de éstos aunque el examinador los mencione; su tono afectivo es de depresión y apropiado y se observa labilidad afectiva; su juicio y autocrítica están potencialmente conservados, tiene conciencia de enfermedad, sabe que padece cáncer, que va a morir por esto, y que huele mal. Por todo ello piensa que la gente no se le acerca, ni siquiera su familia, y quiere que la dejen en paz.

9. *Factores desencadenantes.* La paciente presentó su condición actual a partir de un conflicto en decisiones administrativas por el director y administrador de la casa-hogar. Por comentarios de algunos residentes y sin considerar la opinión del personal y de los jefes de los servicios, decidieron retirarla de sus actividades de cocinera de la casa-hogar, sin previo aviso a la paciente y sin darle otra alternativa. A partir de esta condición se desató una serie de inconformidades y confusio-

nes tanto con los residentes como con el personal que llevaron a tomar decisiones cada vez más autoritarias que imposibilitaron la adecuada atención de la paciente y caracterizadas por mensajes contradictorios entre el personal y las autoridades (por ejemplo, al menos en tres ocasiones se decía a la paciente que sí podía trabajar, pero al llegar a la cocina con su uniforme y lista para sus tareas esto no era verdad y tenía que regresar). En un momento en que el servicio de psicología pudo hablar con la paciente, ella manifestó no entender nada y no desear nada; más bien, pedía que la dejaran en paz y se observó una leve confusión y dificultad para coordinar sus ideas. Después de esta condición, la paciente se encerró en sí misma, dejó de hablar, se negó a comer y dos días después se nos informó que el cáncer que padecía se había expandido de la matriz a los intestinos a pesar de que durante años el cáncer había permanecido controlado. Fue aislada en la unidad de cuidados intensivos y solamente la visitaron dos enfermeras, el psicólogo responsable y el médico del servicio.

10. *Tratamiento iniciado.* Se solicitaron análisis de laboratorio, pero fueron suspendidos ante las reacciones de la paciente, a quien se le dieron cuidados básicos de apoyo tanto médico como psicológico y también para el bien morir, lo cual sucedió tres días después de estos sucesos.

Comentarios del caso

Asumir el caso como una depresión profunda lleva a desarrollar la opción de atención desde el enfoque clínico de la depresión, pero el presente caso presenta condiciones que llevarían a pensar que puede ser más un efecto de desamparo aprendido que de depresión en sí misma. Cabe considerar que la condición de la paciente se complicó debido a decisiones de autoridades y funcionarios que no tenían formación en gerontología y geriatría, pues eran personas que por condiciones políticas habían sido nombradas por las autoridades del sistema y no contaban con experiencia en el trabajo directo con unidades dedicadas a la asistencia social, aun cuando tenían amplia experiencia como funcionarios en instancias económico-administrativas.

También es posible asumir que RF se dejara morir y en ese sentido tuvo patrones de comportamiento de riesgo que pudieran ser considerados suicidio.

Sin pretender ser simplistas, ni mucho menos negar las alternativas que daría un enfoque diferente para tratar este problema (ya sea considerarlo un caso psiquiátrico o entenderlo con un enfoque psicodinámico), los psicólogos deberían aceptar las implicaciones de nuestras posturas para ejercer la psicología y tener en cuenta otras alternativas tanto de análisis como de información.

Sin caer en un eclecticismo poco profesional, la investigación y atención de los casos de suicidio requieren un replanteamiento personal de nuestras posturas; debe ser un replanteamiento con honestidad intelectual y no solamente nuestra justificación de un gusto profesional, por un autor, tema o enfoque teórico.

capítulo 4

Perfiles y tendencias del suicidio

Tendencias del suicidio

Aunque la epidemiología del suicidio ha tenido un escaso desarrollo en México, es un problema importante en el contexto de la salud mental nacional y ha atraído la atención de diversos profesionales a lo largo de los años. La finalidad del documento de Borges y sus colaboradores (1996) fue presentar información actualizada sobre la evolución del suicidio como causa de muerte para la población mexicana durante el periodo de 1970 a 1994, utilizando los certificados de defunción, así como los datos censales disponibles.

Desde la década de 1950, en un primer trabajo de naturaleza epidemiológica, Cabildo y Elorriaga analizaron los suicidios de 1954 a 1963: encontraron que en 1954 se registró una cifra de 3.2 actos suicidas por cada 100 000 habitantes, mientras que en 1963 bajó a 2.1. Posteriormente, Elorriaga ahondó en la investigación sobre el suicidio para la década de 1960; según este autor, de 1960 a 1969 los intentos de suicidio se incrementaron 30.5% (3% anual).

En un trabajo menos extenso sobre el tema, Galvis plantea que, para 1960, mediante estudios epidemiológicos pudo reportarse un índice de 3.5 casos de suicidio al año por cada 100 000 habitantes: 1.8 consumados y 1.7 frustrados. También Saltijeral y Terroba analizaron la conducta suicidógena en la década pasada, y encontraron que de 1971 a 1980 la tasa de ambas conductas (suicidio consumado e intentos de suicidio) se mantuvo constante.

El problema del suicidio también ha llamado la atención de investigadores de Guadalajara y San Luis Potosí, donde se han realizado, y principalmente en el Distrito Federal, investigaciones con datos primarios en el ámbito individual, utilizando el método de la llamada *autopsia psicológica*.

Otra limitación importante de los estudios previos es que son utilizadas las estadísticas suministradas por el Instituto Nacional de Estadística, Geografía e Informática (INEGI), cuyos datos tienen importantes limitaciones. Pocos trabajos han empleado las estadísticas provenientes de los certificados de defunción como fuente de información.

La información del INEGI/SSA se encuentra disponible por edad, sexo y entidad federativa. Ésta es, sin duda, la información de uso más común en el sector salud que utiliza la Clasificación Internacional de Enfermedades (CIE). En el caso de la mortalidad por suicidio no hubo cambios en estos rubros, de tal manera que son comparables en todo el período.

Es necesario tomar en cuenta que el suicidio, al igual que el homicidio, constituye una causa de muerte que conlleva una investigación legal, a través del Poder Judicial, por medio de las agencias del Ministerio Público, dependencia gubernamental que se convierte en una segunda fuente de información no sólo sobre los suicidios consumados, sino también respecto a los intentos de suicidio. Dicha información se publica anualmente, por medio del INEGI, que ha sido la fuente principal de información para trabajar epidemiológicamente con los suicidios en México, aunque no es la que preferimos aquí. La razón es que sólo los datos del certificado de defunción permiten comparar el suicidio en el conjunto del panorama epidemiológico del país, que incluye otras causas de muerte no reportadas por el Poder Judicial. Sin embargo, sólo este poder notifica estadísticas nacionales sobre los intentos de suicidio, lo que lo hace insustituible a este respecto, motivo por el cual muchos investigadores prefirieron dicha fuente.

Tal como se mencionó anteriormente, para el conjunto de la población, el suicidio se incrementó 156% entre 1970 y 1994. Entre los años 1970-1994, que cubre la serie, el incremento porcentual del suicidio ha sido de 170% para los hombres y de 98% para las mujeres. Los siguientes hechos llaman la atención:

a. A partir de mediados de la década de 1970 empezaron a aparecer suicidios en el grupo de infantes y escolares (0-14 años).

b. El incremento en las tasas de suicidio es un fenómeno común en casi todos los grupos de edad, que presentan aumentos relativamente similares.

c. Las excepciones son los grupos de 60-64 (con cambios relativamente pequeños entre 1970 y 1994) y el grupo de 75-79 años (que presenta una disminución entre el inicio y el final del período), y los grupos de 80-84 y 85 y más (que presentan grandes incrementos en las tasas de suicidio del inicio al final del período).

Por otro lado, la distribución del suicidio, no es homogénea para todo el país. En 1994 los estados de Tlaxcala y México registraron las tasas más bajas, de 1.17 y 1.19 por 100 000 habitantes respectivamente, mientras que la tasa más alta se reportó en Tabasco con 9.74 y en Campeche con 7.78 por 100 000 habitantes.

Los autores reportan que por sexo, estos estados mantienen el mismo orden en la República Mexicana. El sureste del país, formado por Campeche, Tabasco, Quintana Roo y Yucatán, presenta tasas más elevadas. Por otro lado, también se encuentran tasas elevadas en Colima, Tamaulipas y Chihuahua. La zona centro, formada por Tlaxcala, México, Hidalgo, Querétaro y Puebla, es la de menor incidencia. La excepción a este conglomerado es el Distrito Federal, que tiene una tasa por encima del promedio nacional.

Respecto a los mecanismos específicos señalados en el certificado de defunción, aunque para ambos sexos éstos son los mismos —mortalidad por sustancias sólidas o líquidas, ahorcamiento, estrangulación y sofocación y, por último, por arma de fuego y explosivos—, hay diferencias en su importancia relativa según el sexo.

Durante el período estudiado, en los hombres aumentó el uso de ahorcamiento y armas de fuego, de tal manera que en 1994 estas dos causas constituyen casi 90% de los suicidios masculinos. En las mujeres se ha incrementado el ahorcamiento y el uso de armas de fuego, mientras que la ingestión de sustancias ha permanecido más constante durante el período.

Al inicio del período, las fuentes judiciales informaban de un número mayor de suicidios (740) que las estadísticas de mortalidad (554); sin embargo, al finalizar el período, en 1994, la situación se invirtió y mientras el Ministerio Público informó de 2 215 suicidios, las estadísticas de mortalidad notificaron 2 603 muertes.

Borges y sus colaboradores señalan dos detalles importantes: uno es que las estadísticas de mortalidad ofrecen un panorama ascendente del suicidio en el país (las estadísticas del Ministerio Público sugieren una tasa estable hasta 1989 y un incremento muy acelerado de 1990 a 1994) y el otro es que resulta imposible comparar la información sobre los intentos de suicidio, pues el Ministerio Público es el único que ofrece estos datos. Llama la atención el número tan bajo de intentos de suicidio informados.

Al revisar las estadísticas notamos que, año con año, la mortalidad por suicidio se ha incrementado en el país y, por lo conocido del comportamiento de este problema en otras partes del mundo y de los cambios en el perfil poblacional y epidemiológico de México, difícilmente será pasajero este incremento. La evolución ascendente del suicidio, así como los cambios sociales concomitantes (como el incremento en la urbanización, la migración, la disolución de las redes familiares tradicionales, el aumento en el consumo de drogas por los jóvenes y los cambios en el perfil epidemiológico del país) llevan a pensar que éste es un buen momento para iniciar acciones de investigación y preventivas en diferentes espacios sociales.

El trabajo de los autores muestra que es necesario estar preparados para enfrentar este problema en el contexto de la salud pública nacional, así como elaborar los programas preventivos y de tratamiento acordes con las necesidades actuales, incluido el incremento en el suicidio de la población joven. El suicidio es una causa de muerte que ha aumentado en las dos últimas décadas, especialmente en la población masculina. Algunos grupos de edad que no se veían afectados durante el inicio del período, como los jóvenes de menos de 15 años, ya presentan casos de mortalidad por suicidio; sin embargo, las tasas siguen siendo más elevadas en la población anciana.

Es posible que haya factores específicos en los estados del sureste relacionados con el incremento del suicidio, pero no debemos descartar la acción de prácticas de registro de la información que lleven a un menor subregistro del problema en esta región del país. En un trabajo reciente acerca de la mortalidad por suicidio en Tabasco, los autores señalan que hay un fuerte componente rural, pero descartan que el patrón cultural influido por la cultura maya pudiera ser el responsable del problema. De hecho, en el presente trabajo observamos una segunda zona de elevadas tasas de suicidio en la región norte del país.

El estado actual de la información estadística sobre el suicidio en el país amerita también un comentario. Actualmente disponemos de dos fuentes de información, aunque ambas dependientes del INEGI, que no sólo no concuerdan sino también presentan tendencias diversas sobre el mismo fenómeno, lo cual es motivo de preocupación.

Dado el subregistro que existe en la mortalidad por suicidio en varios países, consideramos que la información proveniente de las estadísticas vitales que ofrece el llenado de los certificados de defunción parece más apropiada para conocer el panorama actual del suicidio en México. Ésta es una conclusión importante, ya que tradicionalmente la mayoría de los investigadores interesados en este tema han utilizado como fuente los anuarios estadísticos del INEGI para describir la tendencia suicidógena en el país.

Por su parte, Hijar Medina y sus colaboradores (1997) reportan que en las muertes por suicidio, algunos autores han mantenido actualizada la información y la discusión al respecto desde una perspectiva cuantitativa. Como el suicidio es más frecuente en personas con problemas de salud mental, los especialistas en ese campo han trabajado más en el manejo y prevención de estas alteraciones, con un punto de vista clínico.

No contar con un procedimiento uniforme de registro modifica los reportes disponibles: existe más información sobre muertes que sobre lesiones no fatales, consecuencia de un intento de suicidio, pues legalmente no es necesario notificarlo, mientras que el suicidio consumado es de notificación obligatoria. Esto explica que las fuentes oficiales informen de un mayor número de muertes por suicidio que de intentos, lo cual difiere de las estimaciones que indican que los intentos son 70 veces más frecuentes que los suicidios consumados.

Por otra parte, el registro de las muertes por suicidio depende generalmente de la certificación de un médico legista, quien con frecuencia se ve sometido a presiones de los familiares y/o sociales que tratan de ocultar el hecho. En consecuencia, analizar las lesiones autoinfligidas con los datos oficiales sobre suicidio explica sólo una parte del problema.

De 1979 a 1993 en México ocurrieron 23 669 muertes por suicidio. En conjunto, la tendencia de la mortalidad por suicidios es ligeramente ascendente. Los hombres presentan un riesgo cinco veces mayor que las mujeres, y los grupos de edad con el mayor riesgo relativo son, para el sexo masculino, el de 70 y más y para el femenino el de 20 a 24, siendo el grupo de referencia el de 10 a 19 años.

Tomando como referente al Distrito Federal la zona sureste del país presenta los mayores riesgos; en ella, destaca Tabasco. Las diferencias entre sexos se extienden a la selección del medio para producir la muerte. Hemos visto que las mujeres utilizan con más frecuencia medios más "suaves" que los hombres, lo cual remite nuevamente a cuestiones de género que determinan lo que es socialmente aceptable para unas y otros y el acceso a dichos medios. El uso de medios menos letales explica la menor frecuencia de muertes por suicidio en las mujeres, pues la ideación suicida y los intentos son más frecuentes en ellas. Las variaciones en las tasas según la edad y el sexo sugieren la necesidad de reflexionar acerca del contexto social en el que ocurren los suicidios. Así, para el sexo masculino el problema existe con mayor frecuencia en los ancianos, debido a los trastornos depresivos asociados con la involución física inherente al proceso de envejecimiento y con patrones socioculturales que conducen al anciano a situaciones de soledad, aislamiento y pérdida de la autoestima al cesar las actividades consideradas socialmente productivas. Tal situación no se presenta en las ancianas, quienes tienen un papel en la red de apoyo social de la familia. Por el contrario, entre las mujeres, las jóvenes entre 20 y 24 años corren mayor riesgo de suicidarse.

Por otra parte, las variaciones en los estados del país ponen de manifiesto la necesidad de analizar el problema a la luz de éstas, lo que permitirá entenderlo en el amplio contexto cultural mexicano.

El suicidio por grupos de edad

El suicidio en la infancia

En el caso del suicidio infantil se ha encontrado que los factores sociales, y sobre todo familiares, son los determinantes para que ocurra esta forma de conducta. Tanto el intento de suicidio como el suicidio consumado en niños son problemas que se han ido incrementando y que no han sido resueltos.

La mayor parte de la información disponible respecto del suicidio infantil nos ha mostrado que algunos de los factores que favorecen el suicidio en niños son los antecedentes suicidas en los padres, los ambientes familiares caóticos, las condiciones de maltrato, la reacción de sentimientos de desintegración interna, la manipulación de los sentimientos y el deseo de reunirse con un pariente fallecido. Estas condiciones se pueden presentar en la forma de regaños por los fracasos escolares, castigos de los padres o situaciones de confusión extrema.

Para entender tanto la muerte como el suicidio en los niños es necesario considerar su etapa de desarrollo y su concepto de la muerte. Una forma de detectar riesgo de suicidio en los niños es identificar la naturaleza de su juego, los personajes y los desenlaces de estos, la naturaleza de sus dibujos y de sus relaciones afectivas con sus padres. En una ocasión se nos solicitó para orientar a unos padres que habían perdido a uno de sus hijos de nueve años, a quien encontraron ahorcado en su cuarto con el cable de la cortina. Según el relato de uno de sus primos, estaban jugando y se salieron del cuarto dejando al menor solo; al regresar encontraron el cuerpo enredado en el cable cerca de la ventana de la habitación; todos coincidieron en que fue un accidente, pero las primeras entrevistas con los padres mostraron que había una pobre expresión afectiva y casi nunca se reconocían los logros del menor. No se detectó que fuera objeto de maltrato físico ni adicciones de alguno de los padres, pero los pocos datos disponibles hacen estar alerta a circunstancias parecidas al abandono afectivo.

En México, Hijar y sus colaboradores (1998) reportan que las lesiones accidentales se ubican entre las primeras 10 causas de mortalidad y de morbilidad y en 1995 ocuparon el primer lugar como causa de muerte en niños de 1 a 14 años y el sexto en la población menor de un año. Entre las lesiones en niños destacan los accidentes de tráfico, el ahogamiento, las caídas accidentales y los envenenamientos. Respecto a la mortalidad por envenenamientos accidentales, durante 1995 se produjeron 965 defunciones, de las cuales 29% correspondieron a menores de 15 años. En el caso de las defunciones provocadas por envenenamiento ocasionado por plantas y animales venenosos, casi 40% correspondieron a menores de 15 años. En materia de morbilidad hospitalaria, en 1991 se informó de 7 651 egresos hospitalarios debidos a envenenamientos y efectos tóxicos, los cuales representaron 3.6% del total de egresos por traumatismos y envenenamientos. Según algunos autores, la mortalidad infantil provocada por envenenamientos ha disminuido; sin embargo, siguen siendo una causa importante de demanda de atención hospitalaria. En el caso de los envenenamientos accidentales, la edad del niño es un importante eje de análisis; así, a partir de esa variable, se ha categorizado el riesgo de envenenamiento.

Desde el segundo hasta el sexto año de vida, la independencia y la movilidad del niño se incrementan; el infante explora el medio y su curiosidad excede su habilidad para detectar riesgos, por lo que la supervisión del adulto y la garantía de un ambiente seguro son fundamentales. Algunos estudios indican que el riesgo es mayor en niños de familias con problemas de abuso en el consumo de alcohol y drogas. Por otra parte, desconocemos la proporción de envenenamientos intencionales (como parte del maltrato infantil) o debidos a negligencia que pueden inducir al suicidio. En el caso de los adolescentes menores de 15 años, los envenenamientos pueden producirse no sólo accidentalmente, sino también de forma intencional (intentos de suicidio) debido a la exposición a un ambiente que muchas veces perciben como hostil y difícil de manejar y ante el cual buscan adoptar actitudes propias de los adultos.

Como la población en edad pediátrica es muy susceptible de sufrir tal tipo de daños a la salud, este trabajo tuvo como objetivo analizar las características que ha presentado la mortalidad por envenenamiento en menores de 15 años en México entre 1979 y 1994, identificando tendencias, causas específicas, grupos de edad y zonas geográficas de mayor riesgo. Recuérdese la forma gráfica de las figuras 5 y 6 del capítulo 2 acerca de la relación entre muertes violentas y suicidio.

Cabe destacar la importancia cualitativa de las muertes por envenenamiento en niños, sobre todo si consideramos que es posible evitar la mayoría de los decesos. Por otro lado, las defunciones constituyen sólo una parte de los daños a la salud ocasionados por envenenamientos, pues estimamos que por cada muerte ocurrida en niños menores de 5 años se presentan 250 ingresos hospitalarios y un número indeterminado de eventos que no acceden a los servicios de salud. El hecho de que el envenenamiento accidental por otras drogas y, entre éstas, por aquellas sin especificación, así como el envenenamiento accidental por otras sustancias sólidas y líquidas y por las no especificadas se encuentren entre las principales causas de muerte por envenenamiento en niños, pone de manifiesto la necesidad de identificar y registrar las sustancias implicadas en estos eventos.

En México no hay mucha información respecto al suicidio infantil, pero sabemos que en la prensa y en los servicios médicos cada día es más común la presencia de casos de este tipo, y muchos de ellos van precedidos de violencia familiar y abuso sexual.

El suicidio en la adolescencia

Los suicidios de adolescentes también tienen sus particularidades. En México hemos observado un incremento de suicidios e intentos suicidas en la población más joven en comparación con años anteriores. Muchos de estos casos tienen antecedentes de violencia familiar, abandono, abuso sexual e incluso adicciones de algún tipo; pero no existen datos precisos acerca de las circunstancias que han rodeado la muerte de adolescentes por accidentes, principalmente los de carretera, que ponen al descubierto la presencia de patrones de comportamiento de alto riesgo.

Según los datos del INEGI de los últimos años, los intentos suicidas tienen una frecuencia superior en el caso de las mujeres que en el de los hombres, y aumenta de casi 20 casos en el grupo menor de 15 años a poco más de 80 en el grupo de 15 a 19 años. Pero para los suicidios consumados, éstos tienen mayor frecuencia en los hombres y aumentaron de casi 50 casos para el grupo de hombres menor a 15 años a poco más de 250 para el grupo de 15 a 19 años. Las diferencias son notorias entre los suicidios y los intentos suicidas para hombres y mujeres en ambos grupos de edad.

González-Forteza y sus colaboradores (1998) realizaron una investigación acerca de la ideación suicida en mujeres adolescentes y encontraron que en diversas regiones del mundo y durante los últimos años ha habido un incremento paulatino, aunque constante, de la conducta suicida en los adolescentes; esta observación coincide con los datos de la figura 5 del capítulo 2. México no es la excepción y, si bien sus tasas de suicidios e intentos no son las más altas en la región panamericana y en el resto del mundo, el problema amerita ser considerado, por su naturaleza incipiente y su rápido crecimiento. Así, resultan apremiantes y oportunos los esfuerzos profilácticos y preventivos respecto a esta condición que se va configurando como un problema de salud pública. Es necesario no perder de vista la importancia del contexto social, identificando, desde luego, a los grupos de población de alto riesgo para establecer estrategias preventivas de corto y mediano plazos. En el caso de México ha sido identificado un mayor riesgo de conducta suicida entre las mujeres de 15 a 19 años de edad.

Conocer la magnitud del suicidio requiere compromiso, pues, por temor al estigma social y religioso, se trata de ocultar y/o enmascarar el suceso. Por otro lado, las estimaciones epidemiológicas se fundamentan en los registros oficiales; al respecto, es conocida la dificultad que existe para establecer y mantener los mecanismos y clasificaciones confiables que expliquen los suicidios consumados y los intentos. González-Forteza y su equipo señalan que, de acuerdo con Híjar y sus colaboradores, los intentos de suicidio no tienen que notificarse legalmente, mientras que es obligatorio registrar los suicidios consumados. Así, en 1993 la Secretaría de Salud informó sobre 2 022 suicidios consumados y sólo 93 intentos. Ese informe resulta paradójico, pues se ha calculado que los intentos suicidas se presentan aproximadamente 70 veces más que los suicidios consumados, y ha sido identificado el intento como uno de los mejores predictores del suicidio consumado.

En lo referente a ideación suicida, en múltiples estudios se ha destacado su asociación con la conducta suicida; por otra parte, en diversas investigaciones se ha tratado de identificar los factores asociados con la ideación suicida, reconociendo que no sólo la participación de uno de ellos sino también su interacción los convierte en factores de riesgo.

En México no abundan los estudios acerca del suicidio en los adolescentes; es evidente la necesidad de dar mayor atención a este problema, pues, por otra parte, hemos observado reiteradamente que la persona con pensamientos suicidas puede tener mayor tendencia a suicidarse y que quien lo intenta una vez es probable que lo intente de nueva cuenta en menos de un año, con consecuencias fatales. Por esa razón, los estudios epidemiológicos acerca de la presencia de indicadores de riesgo suicida son muy importantes; por ejemplo: en México, Medina-Mora y sus colaboradores identificaron en una muestra representativa de estudiantes del Distrito Federal que en la semana previa a la encuesta 47% de los estudiantes habían notificado al menos un síntoma de ideación suicida, 17% pensó en quitarse la vida y 10% presentó todos los indicadores de ideación suicida.

En su trabajo dichos autores investigan la información proveniente de dos muestras de mujeres adolescentes: una de escuela y otra de hospitales, sus resultados muestran que es necesario:

a. Obtener la prevalencia de ideación suicida, según la presencia y la persistencia de todos los síntomas.

b. Delimitar el perfil sintomático.

    c. Identificar las características sociodemográficas que distinguen a quienes tuvieron mayores puntajes de ideación suicida.

A partir de que el intento suicida ha sido identificado como uno de los mejores factores asociados del suicidio consumado y que en muestras de adolescentes con intentos suicidas hemos observado que la conducta suicida múltiple es un predictor del suicidio consumado, es importante analizar la muestra clínica del presente trabajo para: *a*) identificar si la ideación suicida es un componente asociado con la conducta suicida múltiple y si la edad desempeña un riesgo significativo, y *b*) identificar características asociadas a la conducta suicida múltiple. Para los fines de su estudio, sólo fueron seleccionadas las estudiantes de enseñanza media y media superior, por lo cual la muestra quedó constituida por 1 712 mujeres y 30 adolescentes hospitalizadas por intento suicida.

Los investigadores encontraron que, en cuanto al desempeño escolar, se observaron diferencias importantes entre las dos muestras: 35% de las adolescentes de la muestra escolar informaron que tenían un desempeño regular, en contraste con 63% de las correspondientes a la muestra clínica. Estas diferencias también fueron observadas respecto a la interrupción de estudios por seis o más meses, y resultó más elevada la proporción en la muestra clínica, esto es, de 33.3%, en contraste con 8.7% de la muestra escolar.

La prevalencia de la presencia de los cuatro síntomas de ideación suicida fue más elevada en la muestra clínica; sin embargo, es importante destacar que 11.8% de las adolescentes de la muestra escolar presentaron todos los síntomas de ideación suicida de 1 a 7 días, y en una de cada 100 estuvieron presentes casi toda la semana.

Los resultados de la muestra clínica confirman lo observado en otros estudios en el sentido de que tener ideas relacionadas con la propia muerte es un antecedente significativo para un posible intento suicida. Como era de esperarse, en la muestra escolar la presencia de los síntomas fue menor que en la muestra clínica. En ese sentido, cuando el síntoma estuvo presente en la muestra escolar, la mayor proporción de las estudiantes lo tuvo durante uno o dos días, mientras que las pacientes tuvieron casi todos los síntomas la mayor parte de la semana, o sea, de cinco a siete días.

Las adolescentes que presentaron mayor ideación suicida en la muestra escolar cursaban la secundaria; se caracterizaron por indicar que obtenían calificaciones bajas muy a menudo, por percibir su desempeño escolar entre regular y malo, y por haber interrumpido sus estudios durante seis o más meses en el ciclo escolar anterior. En la muestra clínica, únicamente en lo que concierne al desempeño escolar, se identificó una diferencia significativa, y el puntaje de ideación suicida fue mayor entre quienes notificaron tener un desempeño de regular a malo.

En sus resultados aparecen los siguientes factores que pueden aumentar el riesgo de la persistencia de la ideación suicida: cursar la secundaria, haber interrumpido los estudios por más de seis meses y percibir el desempeño escolar propio como malo. Es notorio que en la muestra clínica, 56.7% había intentado quitarse la vida por primera vez, mientras que para 26.7% era su segundo intento; además, 16.7% de las pacientes tenían antecedentes de tres o más intentos suicidas en su vida.

Si consideramos que el intento suicida es un factor de riesgo, lo es más aún haberlo intentado en varias ocasiones. Por esa razón fueron identificados algunos indicadores que revelaban su asociación con la conducta suicida múltiple.

Todo lo anterior permite contemplar que en el constructo de ideación suicida se pueden establecer niveles de severidad como si se tratara de un continuo que fluctúa desde pensamientos de muerte inespecíficos hacia otros más concretos acerca de la propia muerte.

El proceso suicida está integrado por varias etapas que inician con una ideación suicida pasiva, pasan por etapas más activas de contemplación del propio suicidio, por la planeación y la preparación y por la ejecución del intento hasta llegar a su consumación.

Debemos reconocer que no sólo la acción de cada característica por separado las constituye en factor de riesgo, sino también su interacción. Cabe destacar que los factores asociados con la ideación y los intentos suicidas adolescentes son consistentes con los notificados en otros trabajos hechos entre población escolar mexicana. Hay una observación importante en este estudio: estudiar el nivel de secundaria, que en México se cursa entre los 13 y 15 años de edad, implica a la edad como factor de riesgo, la percepción de bajo desempeño escolar, y haber interrumpido los estudios por seis o más meses y/o haber tenido que trabajar en el ciclo escolar anterior han sido también predictores de riesgo de consumo de alcohol y drogas en esta muestra escolar.

Los resultados de este trabajo, sin inferir relaciones de causalidad en estricto sentido, pueden ser de gran utilidad en la elaboración de programas preventivos en poblaciones no consideradas de alto riesgo, como es el caso de la población estudiantil, en la que, sin embargo, se presentan importantes niveles de ideación suicida, evitando así que el acto suicida se lleve a cabo.

Por último, cabe señalar que en México la distribución demográfica pone de manifiesto la necesidad de orientar la investigación y las estrategias de prevención hacia los problemas propios de los niños y los adolescentes. No cabe duda de que todas las etapas de vida ameritan atención, pero es incuestionable que cuanto más oportunas, adecuadas y eficaces resulten las intervenciones y los programas de educación para la salud, mejores serán las consecuencias en el corto, mediano y largo plazos.

El suicidio en la edad adulta

En este grupo poblacional encontramos que los intentos suicidas se igualan entre hombres y mujeres entre los 20 y los 34 años (vea figura 3). En el caso de los 20 a los 54 años, la frecuencia de suicidios es mucho mayor en hombres que en mujeres, pero aquí se presenta una condición preocupante, pues en esta edad ocurren más suicidios en nuestro país; también es el grupo de edad en el cual recae la mayor responsabilidad social, son los que tienen la mayor participación laboral y su muerte implica muchos años de vida productiva perdidos, y con cada una de estas muertes la sociedad también pierde una oportunidad.

Un detalle por considerar es que 53% de los suicidas eran personas económicamente activas y 25% personas económicamente inactivas. Es evidente que la población activa supera en el doble a la inactiva, y esto hace dudar de la idea de que una de las principales causas de suicidio es el desempleo, pero no niega que existan problemas económicos como causas de suicidio. En el 17% restante de la población no fue posible identificar su condición laboral.

Para 1998 65% de las mujeres suicidas tenían algún grado de escolaridad contra 53.5% de los hombres. Hay una diferencia de casi nueve puntos porcentuales entre suicidas hombres y mujeres con escolaridad y es una diferencia importante que no resulta fácil explicar.

Hasta fechas recientes se ha considerado el estudio y registro sistemático del suicidio por las instancias oficiales del registro y control poblacional; en el caso del INEGI, se ha estimado la presencia de datos más finos de los suicidas e intentos suicidas y se encontró que contar o no con hijos es un factor de consideración importante. Para 1998, una condición diferencial entre hombres y mujeres es que en los intentos suicidas 73 mujeres no contaban con hijos y en 164 se ignoraba. Para los suicidios consumados, 779 hombres tienen hijos, 667 no y en 597 se desconoce esta condición; aunque en comparación con los hombres notoriamente es de menor frecuencia, para el caso de las mujeres las que más se suicidan son quienes no tienen hijos (162 contra 152) y solamente se ignora esta condición en 57 casos.

Todos estos datos parecen evidenciar que existe relación entre la condición de los hijos, la condición económica y las diferencias de suicidios entre hombres y mujeres. Adelantar la idea de que esto se entiende debido a que el hombre es el responsable de mantener el hogar y la mujer la responsable de la relación con los hijos sería una explicación muy simplista que realmente no permite comprender cómo interactúan estas y otras condiciones en el suicidio.

El suicidio en la tercera edad

En el estudio del suicidio en la vejez, las estadísticas son dispersas en cuanto a tiempo, lugar y enfoque del estudio, pero se pueden ver ciertas consistencias en la información. Así, en 1963 fue publicado un reporte acerca del suicidio en México en el cual se encontró que las edades de las mujeres son notablemente más bajas de (13 a 52 años) en comparación con las de los hombres (de 8 a 77 años). Pero se observa un comportamiento regular de este fenómeno; así, hay pocos suicidios en la infancia, aumenta en la juventud y decrece en la vejez en ambos sexos. De 421 casos estudiados en ese tiempo, 230 eran hombres y 191 mujeres, pero de ésos 12.7% fueron ancianos y 1.57% ancianas, con lo cual es conservada la tendencia a que los hombres se suiciden más que las mujeres.

En 1981, Javier García y sus colaboradores reportan un estudio en el que investigaron algunos aspectos epidemiológicos del suicidio en Guadalajara en 1976, 1977 y 1978. Analizaron las diferencias por sexo, ocupación, escolaridad, forma de suicidio y otras cuestiones, pero al estudiar los datos referentes a la edad reportan que los suicidios ocurren con mayor frecuencia en el grupo mayor de 40 años; pero esta idea deja mucho que desear, pues tanto la literatura posterior a esta investigación y la propia experiencia clínica muestran que hay una diferencia notoria entre los grupos de edad de 40 a 60 años y los mayores de 65; en estos casos hay indicios de que los suicidios no son un padecimiento frecuente en la vejez y, por lo tanto, tampoco son una de las principales causas de mortalidad. Los suicidios son frecuentes entre el grupo de edad de 35 a 50 y tantos años, pero la persona anciana que ha vivido y superado esa edad es más probable que muera por otras causas.

En un documento, María Luisa Rodríguez Sala (1963) reporta que en la vejez sucede algo muy parecido a lo que ocurre en la edad madura, pues son más los casados que se suicidan que los solteros, tanto entre los hombres como entre las mujeres; sin embargo, la diferencia, en las personas de sexo masculino resultó un poco inferior (36%) debido a que quienes no llevan vida matrimonial se suicidaron en 32% frente a 68% de las casadas. En las mujeres sólo se presentaron casadas y viudas con una proporción mucho mayor de las segundas (66.67%) sobre las primeras (33.33%).

En la década de 1980, por ser México un país de jóvenes, el suicidio ocupaba el sexto lugar como causa de muerte en el grupo de edades comprendido entre los 15 y los 24 años. En un estudio realizado por Terroba en 1986 se encontró que en una muestra de 80 suicidios consumados, los grupos comprendidos entre los 14-19 años (17.5%) y los 20-29 años (34.75%) representaban 52.25% de suicidios. En general se tiene la idea de que el suicidio ocurre principalmente entre personas menores de 40 años y de forma predominante del sexo masculino.

De los factores de riesgo considerados para que haya suicidio encontramos el diagnóstico psiquiátrico de depresión y ansiedad, además de factores demográficos como vivir solo, estar divorciado, desempleado o jubilado, presencia de alcoholismo, muerte de algún familiar y antecedentes de suicidio en la familia. Todavía a mediados de la década de 1980 había la idea de que los adultos mayores presentaban menos frecuencia de suicidio, pero conforme las poblaciones han ido envejeciendo la frecuencia de suicidio en el adulto mayor ha ido incrementándose. Sin embargo, entre algunos de los especialistas también existe la idea de que los factores de riesgo son útiles para la prevención a corto plazo, pero son de pobre utilidad clínica a largo plazo.

Mesa (1994) considera que para muchos ancianos la existencia es una condición desoladora que los lleva a desear más la muerte que la vida, pues sufren la depresión y la melancolía como a ninguna otra edad. No se sienten queridos ni útiles y predomina la sensación de vacío interior. La posición de Mesa es tal que le lleva a afirmar que hay un axioma dentro de la epidemiología de la conducta suicida: a medida que avanza la edad, existe mayor riesgo de suicidio.

La idea anterior la sustenta en los datos que se tienen acerca del suicidio en España. En estos datos observamos una tendencia al aumento de suicidio en la vejez desde principios de 1982; en México tenemos una información parecida, pues en 1996 se encontró que la mortalidad por suicidio de acuerdo con grupos quinquenales de edad (con excepción del grupo de 0-14 años y el de 85 y más) tiende a aumentar en cada año estudiado. Los siguientes hechos llaman la atención:

a. A partir de mediados de la década de 1970 empezaron a aparecer suicidios en el grupo de infantes y escolares (de 0 a 14 años).

b. El incremento en las tasas de suicidio es un fenómeno común en casi todos los grupos de edad, que presentan incrementos relativamente similares. Las excepciones son los grupos de 60-64 (con cambios relativamente pequeños entre 1970 y 1994) y el grupo de 75-79 años (que presenta una disminución entre el inicio y el final del período), y los grupos de 80-84 y 85 y más (que muestran grandes incrementos en las tasas de suicidio del inicio al final del período).

Para 1994, la tasa de suicidio masculina tiende a incrementarse con la edad, presentando un crecimiento muy acelerado a partir del grupo de edad de 70-74 años. Para las mujeres, la tendencia de la mortalidad por edad es aplanada. La tasa más baja en los hombres fue de 0.29 por 100 000 habitantes en el grupo de 0-14 años y la más elevada de 45.93 por 100 000 habitantes en el grupo de 85 y más. En las mujeres, la más baja fue de 0.17 por 100 000 habitantes en el grupo de 0-14 años y la más alta de 4.43 por 100 000 habitantes en el de 80-84 años.

Los resultados muestran que es necesario estar preparados para enfrentar este problema en el contexto de la salud pública nacional, así como elaborar los programas preventivos y de tratamiento acordes con las necesidades actuales, incluido el incremento en el suicidio de la población joven. El suicidio es una causa de muerte que ha aumentado en las dos últimas décadas, especialmente en la población masculina. Algunos grupos de edad que no se veían afectados durante el inicio del período, como los jóvenes de menos de 15 años, presentan casos de mortalidad por suicidio; sin embargo, las tasas siguen siendo más elevadas en la población anciana.

Ante las condiciones anteriores podemos retomar una pregunta que se hace Mesa: ¿por qué los datos de los últimos 30 años son consistentes respecto a que los ancianos tiendan a suicidarse, o al menos a intentarlo más que en otras épocas?

Lo que se predica en todas partes es una política social en la cual se incluya seguridad económica, bienestar físico, tranquilidad espiritual, atención médica, ocupación o trabajo voluntario y actividades recreativas. Pero todo esto por lo general no sucede, los datos parecen indicar lo contrario y el incremento en el índice de suicidio en los ancianos es un problema alarmante que refleja las condiciones de patología social de nuestro tiempo, en la cual muchos ancianos se sienten solos entre muchos pobladores de su comunidad.

El propio Mesa señala que en el anciano la conducta suicida tiene las peculiaridades siguientes: *a*) hay una utilización de técnicas más duras y mortales, *b*) hay menor frecuencia de aviso de suicidios, *c*) los suicidios son más premeditados, y *d*) hay suicidios pasivos (dejarse morir). Con lo anterior y completando lo planteado por Mesa, podemos esquematizar la información disponible sobre el suicidio en ancianos en el listado siguiente (Quintanar, 2003).

Principales factores que favorecen el suicidio en la vejez

Factores médicos

- Enfermedades crónicas terminales, dolorosas y/o invalidantes.
- Pérdida de facultades físicas e intelectuales.
- Mayor frecuencia de ingresos hospitalarios e intervenciones quirúrgicas.
- Tratamientos que favorecen la depresión.

Factores psicopatológicos

- Demencias.
- Depresión.
- Ansiedad.
- Alcoholismo y otras adicciones.
- Insomnio de cualquier etiología.

Factores psicológicos

- Sentimientos de soledad.
- Inactividad y aburrimiento.
- Sentimientos de inutilidad.
- Sentimientos de fracaso existencial.
- Ausencia de proyectos y expectativas del futuro.
- Tendencia melancólica a refugiarse en el pasado.

Factores sociofamiliares

- Pérdida del cónyuge u otros seres queridos.
- Frustraciones afectivas y vivencias de abandono.
- Situaciones de desarraigo familiar.
- Institucionalización generalmente involuntaria.
- Disminución de la comunicación e integración familiar.

Factores socioeconómicos

- Jubilación.
- Disminución de poder adquisitivo.
- Pérdida de estatus social.
- Percepción de rechazo y hostilidad social frente a la vejez.

Factores socioculturales

- Carencia de redes de apoyo social.
- Antecedentes de maltrato.
- Falta de interés por un empleo adecuado del tiempo libre.

Aun con todo lo anterior, es necesario considerar dos observaciones que hace Reyes Zubiría (1999) respecto al suicidio. La primera es que (sin menosprecio de su utilidad) las estadísticas sobre suicidio son, necesariamente, falsas, porque hay muchas formas de muerte que no son clasificadas como casos de suicidio y se les confunde con accidentes o complicaciones en la salud, entre otras cosas.

La segunda observación que hace Reyes Zubiría es que en México hubo un considerable aumento de suicidios en la crisis de 1994: se habló de más de siete millones de desempleados en la República y era común escuchar a especialistas en salud mental afirmar que esa era la causa del incremento de suicidios. Reyes Zubiría no está de acuerdo con esta observación y piensa que quizá el desempleo y el cierre de industrias fue el detonante, pero no la causa de este incremento en suicidios.

En las consideraciones anteriores, Reyes Zubiría plantea otro axioma que dice: *un hombre comienza a cometer suicidio mucho antes de llegar al acto suicida, y mucho antes de empezar a vivir la circunstancia detonante.* La sola psicodinamia de la depresión no es suficiente para explicarnos el por qué del acto suicida, pues ni todos los suicidas están deprimidos, ni todos los deprimidos se suicidan. El suicidio es un aspecto muy relacionado con la depresión, pero se presenta y afecta de manera diferente en cada grupo de edad de la población mexicana, pero, al igual que otros padecimientos y problemas de salud, no contamos con estadísticas que muestren la realidad epidemiológica de estos temas en México. De hecho la depresión es el más común precursor del suicidio y se encuentra asociada a problemas de enfermedad física, desórdenes psiquiátricos, medicamentación y abandono familiar.

Sharon Valente (1994) reporta que algunas condiciones que han hecho difícil la evaluación del riesgo suicida en la población anciana son: la presencia de enfermedad física, estereotipos acerca de la vejez, la heterogeneidad de la población anciana y el mal diagnóstico del mensaje suicida del anciano. De hecho ella propone los puntos siguientes para evaluar el riesgo suicida.

- El propósito y los motivos para considerar que la persona se suicide.
- El establecimiento de requisitos para suicidarse.
- La consistencia de los requisitos con los valores básicos de la persona.
- Lo adecuado de los factores médicos o no médicos que se requieren.

- La consecuencia de los actos del suicida.
- Opciones de plan suicida.
- Qué influencias culturales se han formado en la persona para hacer sus elecciones.
- Qué arreglos ha hecho la persona de las cosas de su vida.

La autora señala que es importante ver si hay condiciones racionales o irracionales del anciano considerando una enfermedad grave o terminal, discapacidad permanente o serias condiciones de estado de edad avanzada.

Krassoievitch (1993) piensa que las causas de la muerte de los ancianos no siempre son investigadas a fondo, pues suelen estimarse un proceso natural y esperado. Esta actitud lleva a pasar inadvertidas las caídas, los accidentes, el incumplimiento de los tratamientos médicos, el rechazo de los alimentos, la falta de atención del personal de salud o los descuidos al cruzar la calle. Es sabido que al desaparecer el deseo de vivir, la muerte sobreviene más rápidamente y algunos datos estadísticos muestran que una proporción de hasta 83% de los casos de suicidio presentaban sentimientos depresivos intensos, y en el caso de los ancianos la posibilidad de que éstos consideren al suicidio una opción que aumenta cuando existen factores adversos, como vivir solo, no contar con afectos cercanos, pérdida de compañeros contemporáneos, tener limitaciones físicas y la falta de recursos, entre otros.

Janet Belsky (1996) plantea una serie de preguntas que hacen referencia al por qué del mayor índice de suicidio entre hombres que entre mujeres y a las diferencias que afectan a los hombres con las mujeres respecto a la presencia del suicidio. Ella piensa que, desde el punto de vista socioemocional, las mujeres parecen más resistentes que los hombres. La invalidez puede ser otra clave para entender esta diferencia entre hombres y mujeres ancianas, así que podemos pensar que el hecho de que el hombre sea percibido en la inmovilidad y dependencia es más agresivo que para las mujeres, pues el hombre puede sentir que ha perdido el control sobre sí mismo.

Una condición que también influye en el suicidio es el aislamiento social. El hombre pierde con mayor facilidad que la mujer la capacidad para establecer relaciones afectivas sólidas con otras personas, de modo que su vida fuera de la casa lo hace más vulnerable a esta condición. Pero, al igual que otros autores, Belsky señala que las estadísticas sobre el suicidio en ancianos pueden estar infravaloradas y sesgadas, pues los reportes solamente consideran el suicidio consumado, aquel en el cual la causa de la muerte era inequívoca; así, olvidamos que muchas muertes de mujeres suelen ser consideradas accidentes sin que necesariamente lo sean.

Los intentos suicidas de las personas ancianas no necesariamente pueden ser vistos como actos manipulativos que tienen el fin de atraer la atención; los ancianos con ideas suicidas a menudo planifican su suicidio en serio y tienen más posibilidades de tener éxito porque están motivados por el auténtico deseo de poner fin a su vida.

Durante la vejez existen situaciones que inducen un sentimiento de desesperanza extrema, como la que corresponde a la muerte psicológica y social, que lleva a ver la opción de la muerte física como alternativa viable de solución. Las posibilidades de rescatar a un individuo que intentó suicidarse disminuye durante la vejez. Es poco común que el anciano se suicide después de un solo suceso afectivo desafortunado; más bien, esta condición es el producto de la prolongada acumulación de sucesos y circunstancias que han producido durante un tiempo prolongado. Al contrario que el suicidio del joven, el del anciano es más racional y menos emocional y suele usar medios más certeros para lograr su muerte.

En el caso de los ancianos institucionalizados podemos sospechar de lo que llamamos *suicidio oculto*; al igual que en otros países los ancianos más afectados por el suicido son los de la ciudad, aquellos que han pedido muchos elementos culturales que dan arraigo a su comunidad.

El doctor Reyes Zubiría propone que para valorar el riesgo suicida se requiere crear una atmósfera de confianza, apertura y confort en la cual pueda hablarse abiertamente del suicidio, pero si no hay tiempo para el análisis de todos los factores recomienda fijarnos en un solo dato concreto: si el suicida tiene o no desesperanza. Los sentimientos de abandono, desamparo y total falta de esperanza son las claves más urgentes.

Clemente y González (1996) hacen una serie de observaciones respecto al suicidio: la incidencia en ambos sexos difiere no tanto en la integración global de éstos, sino en su socialización particular.

La variable edad no sólo tiene gran relevancia sino que hacen falta más estudios que permitan identificar las condiciones y variables que afectan diferencialmente a los distintos grupos de edad. Podemos decir que la variable edad tiene dos influencias principales: por un lado, la edad nos categoriza socialmente e impone obligaciones y responsabilidades concretas, así como presiona para que asumamos ciertos papeles sociales; por el otro, nos da una perspectiva vital al conectarnos con una serie de posibilidades y limitaciones.

Los distintos roles y estatus de las personas, ocupados o percibidos, así como las expectativas de rol y estatus son importantes como determinantes del suicidio; por esta razón, el contexto sociohistórico determina los factores e impone a cada sujeto ciertas condiciones que escapan a su control y voluntad.

Una condición importante para la prevención del suicidio: sabemos que el suicidio entre los ancianos disminuye cuando se incrementan las pensiones de jubilación y decrece la dependencia hacia otros. Los suicidios producidos por la soledad tienen sus principales causas en la migración de los hijos y jóvenes en general, dándose principalmente en ancianos viudos y pobres, Reyes Zubiría considera que el suicidio en este contexto reproduce la situación social de la persona, es decir, una mala situación suele llevar a una mala muerte.

Diagnóstico y prevención del suicidio

Recordemos que en el estudio del suicidio es común encontrar los conceptos de crisis y depresión; sobre esta última se ha realizado mucha investigación desde diferentes enfoques teóricos que permiten desarrollar distintas estrategias de intervención. Sin embargo, siempre es necesario tener presente el carácter multifacético de la depresión, pues, al considerar que en ella se encuentra alterada la capacidad realista del juicio y hay bloqueos cognitivos, no extraña que la decisión de suicidarse aparezca como la única alternativa posible.

Dado que el suicidio puede ser una alternativa a la libertad humana, podemos asumir que tendríamos que tomar esa decisión de manera consciente, meditada y realista, pero en la depresión y en la crisis esto no sucede. Al contrario, reaccionamos por inercia o por impulso y de ninguna manera podemos asumir que hay claridad en las decisiones tomadas para pensar que necesariamente el suicidio sea la única alternativa.

Hasta el momento no es posible realizar con claridad un procedimiento diagnóstico del suicidio; la mayoría de los casos reportados en la literatura son de tipo psiquiátrico y en este sentido se encuentran sesgados y no proporcionan información clara sobre otro tipo de casos. Recordemos que el rubro de causas desconocidas tiene una frecuencia considerable en los datos estadísticos reportados, que además adolecen de las carencias señaladas por Reyes Zubiría.

Clemente y González hacen el señalamiento de que en la actualidad, a pesar de los avances en otras disciplinas, el principal problema en la prevención del suicidio es el monopolio de la psiquiatría sobre este tema. No siempre de manera consciente, esta disciplina ha generado una serie de barreras que impide una actuación preventiva real previa a la conducta suicida y en la cual participan la familia de los suicidas y algunos miembros o instancias de su comunidad.

La preocupación por el suicidio en México es tal que las autoridades de la Secretaría de Salud han considerado en el Plan Nacional de Salud 2001-2006 buscar mecanismos de control para prevenir el suicidio. Han sugerido generar estrategias de control epidemiológico de las familias de suicidas y sobrevivientes del suicidio; el plan es ambicioso pues requiere mucho tiempo y un análisis más detallado de las condiciones en que se presenta el acto suicida; para lograr ésta y otras medidas de prevención de problemas de salud, en el Plan Nacional de Salud se sugiere desarrollar programas sustentados en estrategias de intervención comunitaria. El control epidemiológico del suicidio tendrá que ir de la mano con el desarrollo de los criterios diagnósticos del suicidio y de la depresión; al mismo tiempo, debemos tener localizadas a las familias y lugares donde ocurre el acto sucida y realizar un seguimiento a lo largo del tiempo para identificar algunas de las condiciones en las cuales pudiera haber algún control.

La familia y el tratamiento del suicida

En el enfoque sistémico se recomienda que las metas para la atención de casos de posible suicidio en las familias cumplan las condiciones siguientes (Eguiluz, 1995):

- Flexibilizar los límites internos y externos de las familias rígidas.
- Trabajar las tensiones crónicas entre los diferentes subsistemas familiares, incluidos el individual.
- Fomentar la aceptación de los procesos de individuación y diferenciación de los integrantes de la familia.

- Cambiar el rol del paciente identificado, así como las transacciones de los integrantes de la familia.
- Promover comunicación clara y directa entre los integrantes del sistema.
- Generar contacto emocional entre los miembros de la familia.
- Lidiar con la ansiedad generada entre los cambios de los subsistemas familiares.
- A las cargas emocionales destructivas, facilitando su expresión sin diluirla.
- Crear esperanza entre los integrantes de la familia.

Las principales características de la familia productora potencial de suicidio son:

a. Inhabilidad para aceptar cambios necesarios:
  - Intolerancia a la separación.
  - Relación simbiótica.
  - Fijación de patrones infantiles.
b. Roles conflictivos y fijaciones en etapas del desarrollo anteriores a la familia.
c. Estructura familiar alterada.
  - Sistema familiar cerrado.
  - Prohibiciones para tener relaciones íntimas con el exterior.
  - Aislamiento de la persona potencialmente suicida en la familia.
  - La fragilidad como una característica familiar.
d. Dificultades afectivas.
  - Un patrón agresivo con dificultades para expresar la agresión.
  - Depresión familiar.
e. Relaciones intrafamiliares desbalanceadas.
  - Un "chivo expiatorio".
  - Vínculos sadomasoquistas y relación de doble vínculo.
  - El individuo potencialmente suicida se torna en el objeto malo de la familia.
f. Dificultades transaccionales.
  - Alteraciones en la comunicación.
  - Un exceso de secretos.
g. Intolerancia a las crisis.

Emerich señala que la terapia familiar es uno de los recursos psicoterapéuticos más eficaces para la atención del suicidio, pero que está muy subutilizado para las circunstancias suicidas debido a que los profesionales en la atención al suicida no siempre cuentan con el entrenamiento en terapia familiar. Pero, como lo señalan Clemente y González, una de las vertientes que más auge ha tenido en la actualidad es la orientación educativa y el apoyo escolar mediante capacitación a los maestros.

Desde la perspectiva de la salud pública, el análisis de la violencia debe partir de la base de que se trata de un fenómeno predecible y, por lo tanto, prevenible. Existen barreras sociales que impiden detectar los efectos de la violencia sobre las condiciones de salud de la población; los homicidios, altercados, luchas y violaciones, entre otros, se encuentran categorizados, de acuerdo con su frecuencia, en orden decreciente como: ocurridos entre miembros de una misma familia, amigos, familiares y extraños; en ese sentido, la relación, a veces tan cercana, entre agresores y agredidos ocasiona que muchos de esos hechos no se denuncien y, en consecuencia, no sean registrados.

A fin de analizar y controlar el fenómeno de la violencia, Hijar y sus colaboradores (1997) piensan que la salud pública establece que debe considerarse un problema de salud que se traduce en muertes, enfermedad y disminución en calidad de vida. Esto ha permitido identificar grupos de alto riesgo y, en consecuencia, poner en práctica programas y estrategias de prevención.

Por otro lado, han sido establecidas las categorías de lesiones accidentales y lesiones intencionales con la finalidad de diferenciar los mecanismos que subyacen a su presentación. Sin embargo, algunas veces dichos mecanismos no son identificables fácilmente; así, existen lesiones aparentemente accidentales que son el resultado de actitudes deliberadas de producir daño físico, mientras que otros tipos de violencia interpersonal (como el homicidio involuntario o imprudencial) no traen aparejada la intencionalidad.

Expertos en el área sugieren que la violencia debe entenderse como la interacción entre factores relacionados con el desarrollo psicosocial de los individuos, sus diferencias neurológicas y hormonales y los procesos sociales que surgen a su alrededor.

Existen tres grandes vertientes con las cuales hemos intentado con mayor interés aproximarnos al análisis del fenómeno de la violencia:

las ciencias sociales, las penales y la salud pública. La violencia ha sido definida tradicionalmente como hechos visibles y manifiestos de la agresión física que provoca daños capaces de producir la muerte. Asimismo, se ha conceptualizado como las formas de agresión de individuos o de una comunidad no traducidos necesariamente en un daño físico.

A menudo pensamos en la violencia como hechos imprevisibles, inmodificables y prácticamente inevitables; asumimos que sólo podemos registrar su magnitud, tratar de restaurar los daños causados y, en el mejor de los casos, sugerir algunas prácticas preventivas, básicamente en el ámbito de la conducta individual. Desde esa perspectiva, la violencia ha sido considerada algo cotidiano, un hecho rutinario con el cual hemos aprendido a vivir y que sólo trasciende cuando somos la víctima o cuando, por su magnitud y gravedad, adquiere proporciones espectaculares y causa daños físicos visibles. Sin embargo, cuando la violencia, más que un hecho "natural", es el resultado de la aplicación de la fuerza por ejercicio del poder de un individuo sobre otro, sobre un colectivo o sobre sí mismo, hemos dado un paso más en el conocimiento. En este caso, la violencia queda caracterizada como un proceso histórico social, cuya génesis y ejecución están mediadas por una serie de condicionamientos individuales y sociales que la constituyen en algo más que un hecho generador de daños capaces de causar la muerte.

Distintas disciplinas han proporcionado diversas maneras de abordar el problema de la violencia; no obstante, prevalece la fragmentación, pues cada una de ellas proporciona su visión particular en la cual no están integrados todos los avances logrados en el conocimiento de esta materia.

Así, para la sociología el fenómeno de la violencia se ubica en el marco de las relaciones macrosociales, donde violencia y poder parecen conceptos inseparables. Como instrumento de dominación, el Estado organiza el poder mediante el uso legítimo de la fuerza, y la violencia, como medio de dominio, es expresión de subyugación y de correlación de fuerzas. Si bien la violencia es un instrumento fundamental del Estado para perpetuarse y mantener la organización social, también los sectores que se oponen a determinadas directrices o situaciones recurren a ella. Como producto de hechos que trascienden las voluntades de los agresores, la violencia se constituye en un proceso histórico.

Además, como lo expresan algunos teóricos, no toda forma de violencia es negativa, pues en múltiples ocasiones ha servido para acelerar procesos económicos y sociales de innegable valor histórico.

La sociología identifica dos formas de materialización de la violencia: *a*) la manifiesta, que afecta la vida o integridad física de individuos o grupos, de manera que sus manifestaciones son cuantificables –en ella se inscriben actos como el homicidio, los golpes, la violación, etcétera– y *b*) la estructural, cuya causalidad se encuentra en las condiciones estructurales de la sociedad y cuyas consecuencias no podemos atribuirlas a sujetos específicos. Esta violencia expresa la capacidad de la organización social para disponer, a la vez, de una gran capacidad de integración y de una fuerte exclusión en el modelo social de desarrollo y es evidente cuando la vida política y social aísla y margina del bienestar social a importantes sectores.

Desde el punto de vista legal, la violencia reviste interés en tanto sea un hecho criminal, es decir, una violación a la ley. Desde esa perspectiva, no todo hecho violento es criminal y no todo hecho criminal es violento, por ejemplo: un policía que mata a un delincuente en su ejercicio profesional o un individuo que agrede a otro en defensa propia no son considerados criminales (tampoco estimamos criminal el suicidio, aunque es un hecho violento). Del mismo modo, un robo en el que no existe agresión física al individuo lo tipifican criminal las leyes, pero no lo conciben como violento. Además, para la ley es fundamental determinar la intencionalidad, entendida en un preciso sentido de premeditación, de manera que el establecimiento de si hubo o no intención en la comisión de un acto violento es un elemento fundamental para la atribución de culpabilidad. Así, aquellos actos en que concurren premeditación, alevosía y ventaja se consideran y sancionan de diferente manera que aquellos en los que no existen estas condiciones.

La investigación en dicho campo ha sido centrada en el estudio de la frecuencia y gravedad de las lesiones producidas por hechos violentos, la delimitación de grupos de riesgo y la influencia que tienen dichas lesiones en los servicios de salud.

Metodológicamente, las lesiones han sido divididas en intencionales y en accidentales o no intencionales. Al respecto, las investigaciones han estado limitadas por problemas derivados de la Clasificación Internacional de Enfermedades y Causas de Muerte, ya que comúnmente son descritas las lesiones como accidentes y violencias en conjunto, e incluso hay una clasificación suplementaria de causas externas de traumatismos y envenenamientos que engloba las causas accidentales y las intencionales en un solo grupo; sin embargo, unas y otras obedecen a causas diferentes, tienen distinto impacto y su diagnóstico y prevención deben enfocarse en diversos aspectos del quehacer social. Por otra parte, el análisis respecto a morbilidad ha sido basado en las lesiones que son objeto de demanda en los servicios de salud, desconociéndose la magnitud real del problema, que incluye, además, aquellas que no llegan a los servicios o que son ocultadas como otras causas.

Asimismo, el problema de los homicidios en niños merece una especial mención; en México, de 1979 a 1990 murieron por esta causa 2 939 niños y la tendencia de la mortalidad en este grupo específico es al incremento; así, mientras que en 1979 el promedio era de un niño asesinado cada dos días, para 1990 fue de uno diario. Además, algunos estudios comprueban que en 34 a 35% de las muertes por homicidio en niños existen eventos previos de maltrato infantil o abuso sexual y los menores de un año tienen el riesgo más alto de morir tras dichos eventos. Más allá del dato estadístico, de un lugar entre las 10 primeras causas de muerte, es necesario reflexionar que los homicidios en niños son una y la más terrible de las manifestaciones del maltrato infantil, el cual tiene una influencia definitiva en sus condiciones de salud debido a las secuelas físicas y mentales que provoca.

En el caso de los ancianos y de los niños es necesario profundizar en el análisis de situaciones de maltrato, en el entendido de que el problema compete no sólo a los defensores de los derechos humanos, sino también a los sectores encargados de dar seguridad, administrar justicia y proporcionar atención a la salud física y mental tanto de los afectados como de sus agresores.

En la población joven, del sexo masculino y en edad productiva, el homicidio refleja la existencia de factores de riesgo que van desde el consumo de alcohol y drogas hasta cuestiones de rol social, y las muertes ocurren principalmente en la vía pública. En un estudio sobre homicidio en México encontramos que, en 56% de los casos, la víctima había ingerido bebidas alcohólicas. Estudios acerca de diversas manifestaciones de violencia (robos, violaciones, asaltos e intentos de homicidio) han demostrado que en muchos de estos hechos, al menos alguno de los dos protagonistas (víctima o agresor) había ingerido alcohol, presentándose esta característica en ambos, sobre todo cuando el agresor era un amigo o conocido.

Respecto al consumo de alguna droga, ha sido notificado que se actúa en dos sentidos: por un lado, algunos eventos violentos (como los robos) son perpetrados con el fin de obtener dinero para adquirir la droga; por el otro, la existencia de mercados ilegales de droga produce violencia dirigida a expander y controlar dichos mercados.

En las mujeres, el riesgo de morir a manos de su pareja o de un familiar es más elevado que en el hombre y la mayoría de las muertes femeninas suceden en el hogar. Estos fallecimientos constituyen la manifestación extrema de la agresión y la violencia contra la mujer, problema poco reconocido por los sectores de salud y desarrollo, pese a que es un hecho frecuente y una causa significativa de morbilidad y mortalidad femenina. La violencia contra la mujer incluye desde la agresión y la violencia doméstica hasta la violación y el hostigamiento sexual. Tradicionalmente este tipo de violencia ha sido considerado un asunto de carácter privado, íntimo o vergonzoso que, de resolverse, es resuelto entre los involucrados. Además, la persistencia de los mitos sobre las agresiones hacia la mujer (por ejemplo el de que la mujer desea en secreto ser golpeada o violada y que provoca a su violador) ha obstaculizado la denuncia, el desarrollo de investigaciones y la adopción de medidas de prevención al respecto. Todo lo anterior es consecuencia de la forma como se construyen socialmente la masculinidad y la feminidad, de los diferentes papeles sociales asignados a hombres y mujeres, los cuales entrañan, a su vez, relaciones de poder reflejadas en el patrón de las muertes por homicidio en ambos sexos. Es preciso, pues, desarrollar investigaciones sobre el tema de la violencia desde la perspectiva de género.

Suicidios: datos y referencias

En el caso de las muertes por suicidio, algunos autores han mantenido actualizada la información y la discusión al respecto desde una perspectiva cuantitativa. Como el suicidio es más frecuente en personas con problemas de salud mental, los especialistas en ese campo han sido los que más han trabajado en el manejo y prevención de estas alteraciones, con un punto de vista clínico.

Existe más información sobre muertes que sobre lesiones no fatales, consecuencia de un intento de suicidio, ya que legalmente no es necesario notificarlo, mientras que el suicidio consumado es de notificación obligatoria. Esto explica que las fuentes oficiales informen de mayor número de muertes por suicidio que de intentos, lo cual difiere de las estimaciones reveladoras de que los intentos son 70 veces más frecuentes que los suicidios consumados.

Por otra parte, el registro de las muertes por suicidio depende generalmente de la certificación de un médico legista, quien con frecuencia es sometido a presiones de los familiares y/o sociales que tratan de ocultar el hecho. En consecuencia, analizar las lesiones autoinfligidas con los datos oficiales sobre suicidio explica sólo una parte del problema.

Durante 1979 a 1993, en México hubo 23 669 muertes por suicidio. En conjunto, la tendencia de la mortalidad por suicidios es ligeramente ascendente. Los hombres presentan un riesgo cinco veces mayor que las mujeres, y los grupos de edad con el mayor riesgo relativo son, para el sexo masculino, el de 70 y para el femenino el de 20 a 24, siendo el grupo de referencia el de 10 a 19 años.

Las diferencias entre sexos se extienden a la selección del medio para producir la muerte. Hemos visto que las mujeres utilizan con más frecuencia medios más "suaves" que los hombres, lo cual remite nuevamente a cuestiones de género que determinan lo que es socialmente aceptable para unas y otros y el acceso a dichos medios. El uso de medios menos letales explica la menor frecuencia de muertes por suicidio en las mujeres, ya que la ideación suicida y los intentos son más frecuentes en ellas.

Por otra parte, las variaciones en los estados del país ponen de manifiesto la necesidad de analizar el problema a la luz de aquéllas lo que permitirá entenderlo en el amplio contexto cultural mexicano.

Observaciones sobre perfiles y tendencias suicidas

Una de las consecuencias más visibles de la violencia es la disminución en la calidad de vida de la población, obligada a tomar actitudes que van desde no caminar por la calle o no salir de noche aun en su colonia o vecindario, hasta destinar parte de su ingreso familiar a la adquisición de sistemas de seguridad sofisticados.

Las muertes violentas y los incidentes menores, que no necesariamente se traducen en daños físicos visibles, se han convertido en fuentes constantes de miedo y de desconfianza ante la incapacidad del sistema de protección y procuración de justicia para controlar y prevenir la violencia manifiesta. En ese sentido, debemos realizar investigación multidisciplinaria tendiente a profundizar en el conocimiento de causas y determinantes de la violencia, así como sus consecuencias en términos de discapacidad, secuelas y muerte en los distintos grupos sociales, su costo social, recomposición de roles en grupos e incidencia psicoafectiva, entre otros.

Al considerar los factores de riesgo suicida en el anciano, Pérez Barrero (2004) piensa que, a pesar de la presión popular sobre el suicidio en la juventud y las numerosas investigaciones en torno a este fenómeno, el suicidio entre los ancianos constituye una significativa causa de muerte. En la medida en que las personas mayores conforman el segmento de más rápido crecimiento de la población, el número absoluto de sus suicidios continuará incrementándose y se pronostica que para 2030 será el doble; por ello, es necesario profundizar en el conocimiento de los factores de riesgo en la vejez para atenuar en cierta medida dicha predicción.

En lo particular, la conducta suicida en el anciano tiene los siguientes rasgos distintivos:

   a. Realiza menos intentos de suicidio que el joven. Por cada anciano suicida lo han intentado cuatro, mientras que por cada joven suicida lo han intentado 200. En la población en general, por cada suicidio ocurren entre 15 a 20 intentos de suicidio, proporción mayor que la observada en la vejez.
   b. Utiliza métodos mortales (85% de los suicidios en los hombres ancianos es por ahorcamiento, armas de fuego y precipitación de lugares elevados).
   c. Refleja menos señales de aviso, las cuales son más difíciles de detectar.
   d. Dichos actos suicidas no son impulsivos, sino meditados, realizados después de un detallado proceso de reflexión.
   e. Puede asumir la forma de suicidio pasivo, como no ingerir alimentos para dejarse morir.

Por estas características es imprescindible considerar que el envejecimiento trae consigo el abandono de la profesión o de otros objetivos, la reducción del vigor físico, la modificación de los placeres sensuales y una conciencia de muerte desconocida en etapas previas de la vida. El anciano no siempre aporta síntomas porque teme que puedan diagnosticarle una enfermedad grave o porque asuma sus quejas como parte del proceso de envejecimiento. Entre los problemas físicos que el anciano debe afrontar están: la patología artrítica, que afecta su locomoción; las enfermedades cardiovasculares, que limitan el ejercicio físico; las enfermedades neurológicas, que bloquean las funciones intelectuales, y el cáncer, que ocasiona dolor y dependencia.

Los problemas emocionales que padece el anciano incluyen la depresión, la más común de las enfermedades mentales en la vejez y el mejor predictor del suicidio del anciano. Dos tercios de los suicidios geriátricos están asociados con la depresión, que puede adquirir las siguientes formas:

1. *Depresión como un aparente envejecimiento normal.* En este caso, el anciano muestra disminución del interés por las cosas que habitualmente lo animaban de la vitalidad, de la voluntad, tendencia al aislamiento y a revivir el pasado, pérdida de peso, trastornos del sueño, quejas por falta de memoria, y permanece la mayor parte del tiempo en su habitación.

2. *Depresión que se presenta como un envejecimiento anormal.* En el anciano aparecen diversos grados de desorientación en lugar, tiempo y respecto a sí mismo y a los demás. Para muchos, este cuadro es propio de una demencia con carácter irreversible y no una depresión tratable.

3. *Depresión que se presenta como una enfermedad física, somática u orgánica.* El anciano se queja de múltiples síntomas físicos, como dolores de espalda, en las piernas, en el pecho y cefaleas. (Para muchos, este cuadro es propio de alguna enfermedad del cuerpo y no una depresión tratable.)

4. *Depresión que se presenta como una enfermedad psiquiátrica no depresiva.* El anciano manifiesta que lo persiguen, que lo están velando, que lo quieren matar y que la policía irá a buscarlo para llevarlo preso, ideas que forman parte de la constelación paranoide.

5. *Depresión que se presenta como enfermedad psiquiátrica depresiva.* El anciano manifiesta tristeza, pocos deseos de hacer las cosas, ideas suicidas persistentes, de minusvalía y autorreproche, pérdida de auto-

estima, lentitud psíquica y motora, trastornos del sueño y el apetito, descuido del aseo personal y angustia marcada, entre otros.

A la depresión en la vejez podemos añadir otros factores, como las propias presiones sociales derivadas de la jubilación, dependencia, muerte de seres queridos, familiares o amigos, y la pérdida de la seguridad económica que incrementan el riesgo de suicidio en el anciano.

Como es evidente, existen suficientes condiciones inherentes a la vejez que influyen para que se manifieste la conducta autodestructiva.

El intento de suicidio en los ancianos es un serio problema, pues en la generalidad de los casos se trata de verdaderos suicidios frustrados por su alto grado de premeditación, por los métodos mortales utilizados, por la coexistencia de enfermedades físicas (principalmente las pulmonares obstructivas crónicas o los trastornos gastrointestinales y músculo-esqueléticos) y por determinados síntomas físicos intratables, en especial el dolor o la falta de aire.

Nunca debemos olvidar que los síntomas somáticos pueden ser un signo de depresión, pues los ancianos deprimidos tienden a restar importancia a la tristeza, a la que muchas veces consideran una parte consustancial de la vejez, y se quejan principalmente de los síntomas físicos, de que "algo no anda bien en su salud"; además, piensan que son enfermos físicos, lo cual les hace frecuentar internistas o médicos de atención primaria, pero aplazan el inicio de un tratamiento antidepresivo eficaz y específico. Los médicos no familiarizados con esta condición no podrán realizar el diagnóstico precoz y el riesgo de suicidio puede emerger durante la supuesta enfermedad física, pues al no obtener mejoría alguna con los tratamientos impuestos, el anciano comienza a pensar que su enfermedad es maligna, que le ocasionará una prolongada agonía y opta por el suicidio para evitar los sufrimientos que él avizora.

Las señales biológicas de la depresión (como insomnio, pérdida de peso, apetito y energía, acidez, digestiones lentas, constipación, palpitaciones, dolores en el pecho, mialgias, artralgias, lumbalgias y dolores de espaldas) son atribuidas por el anciano, como ya señalamos, a una enfermedad física, y si el médico no está familiarizado con esta forma de presentación de los trastornos del humor, una depresión no suicida podrá convertirse en una depresión suicida al no imponerse el tratamiento antidepresivo específico.

Otro factor de riesgo suicida en la vejez es el maltrato a que son sometidos muchos ancianos, existiendo una estrecha relación entre la pobre salud física, la conducta suicida y las situaciones de maltrato. Por definición, el maltrato en el anciano "es la acción única o repetida, o la falta de una respuesta apropiada, que ocurre en cualquier relación en la que exista una expectativa de confianza y la cual produzca daño o angustia a una persona anciana". Puede realizarse de diversas maneras, entre las que sobresalen el maltrato físico, el psicológico, el sexual, el económico, el emocional o por omisión, descuido o negligencia en su cuidado.

El maltrato al anciano es perpetrado por los familiares y los cuidadores que tienen una historia de violencia y conducta antisocial. La enfermedad mental y el abuso de sustancias predisponen a los familiares a maltratar sus ancianos, lo cual resulta fácilmente reconocible para un clínico alerta, pues pueden presentarse lesiones en diversos estadios de evolución o cuando la explicación de los daños evidenciables es vaga o imprecisa. Otras manifestaciones que pueden hacer sospechar la existencia del maltrato a un anciano son las siguientes:

- Demora entre la ocurrencia del daño o el inicio de la enfermedad y la búsqueda de atención médica.
- Diferencias entre las historias aportadas por el anciano y los posibles maltratadores o victimarios.
- Frecuentes visitas a los médicos por exacerbaciones de enfermedades crónicas a pesar de tener un plan terapéutico eficaz.
- Angustia, confusión, depresión, ideas suicidas e intentos de suicidio pueden ser las respuestas de un anciano a los maltratos físicos o psicológicos.

Una clasificación de los factores de riesgo suicida en el anciano divide éstos como sigue:

1. *Factores médicos.*
   - Enfermedades crónicas, terminales, dolorosas, invalidantes e incapacitantes, como la demencia senil tipo Alzheimer, la enfermedad de Parkinson, las neoplasias, la diabetes mellitus complicada con retinopatía o polineuropatía, la insuficiencia cardíaca congestiva y la enfermedad pulmonar obstructiva crónica, entre otras.

- La hospitalización periódica del anciano, así como ser sometido a intervenciones quirúrgicas frecuentes, principalmente del aparato genitourinario o gastrointestinal.
- Los tratamientos prodepresivos muy utilizados para contrarrestar enfermedades que frecuentemente padece el anciano.
- Las enfermedades prodepresivas, como la arteriosclerosis, las demencias y el carcinoma de cabeza de páncreas, entre otras.

2. *Factores psiquiátricos*: incluyen las depresiones de cualquier naturaleza, el abuso de alcohol y de drogas, los trastornos crónicos del sueño, las psicosis delirantes paranoides con gran agitación y desconfianza y la confusión mental.

3. *Factores psicológicos*: los ancianos que sufren sentimientos de soledad e inutilidad, inactivos, aburridos, con falta de proyectos vitales y con tendencia a revivir el pasado.

4. Factores familiares:
- Pérdida de seres queridos por muertes naturales o por suicidio.
- La viudez durante el primer año es un momento crítico para el anciano, durante el cual puede ocurrir la llamada *autodestrucción pasiva*, en la que el evento vital desencadena una depresión que altera el sistema inmunológico y facilita la aparición de enfermedades físicas, principalmente las infecciosas, que pueden dar al traste con la vida del anciano.
- El abuelo "ping pong", que se produce cuando el anciano es condenado a la migración forzosa al ser trasladado de un domicilio a otro a conveniencia de sus familiares y en detrimento de la comodidad, privacidad y estabilidad de aquél.
- El ingreso en un hogar de ancianos en su etapa de adaptación o cuando se realiza en contra de la voluntad del anciano puede reactivar situaciones de desamparo previas que precipiten un acto suicida.

5. *Factores socioambientales*:
- La jubilación
- El aislamiento social
- La actitud hostil, peyorativa o despreciativa de la sociedad hacia sus ancianos.

- La competencia de las generaciones más jóvenes.
- La pérdida de prestigio.

Estos factores, al igual que otros incluidos en la literatura, son guías que ayudan a comprender la información sobre suicidio, y es recomendable tenerlos presentes cuando sea necesario trabajar en la atención a algún caso de suicidio.

capítulo 5

Propuestas para la comprensión y atención del suicidio

El suicidio no constituye un simple problema de conflicto, frustración o impulso, sino que es complejo y evoluciona a la par que la sociedad; cada sujeto vive a su manera la experiencia social. Que las personas que viven una existencia altamente conflictiva, inestable y problemática sean más propensas al suicidio solamente fortalece la idea de que las condiciones en las cuales se desarrolla la vida definen la propia forma de vivir. La depresión y los trastornos afectivos son principalmente factores de prevalencia suicida; así, no podemos decir que son propiamente los causantes, pero sí asumir que suelen estar presentes en los casos de suicidio.

Atención al suicidio

Stephen L. Bernhardt (2003) piensa que la mayoría de quienes tienen ideas suicidas están deprimidos. Los principales motivos por los que una persona se deprime son: la pérdida de control sobre su situación vital y sus emociones y la pérdida de toda visión positiva del futuro (desesperación). Ante la depresión y las ideas suicidas que derivan de ella, sólo puede resultar eficaz una terapia que ayude a recuperar el control y la esperanza, eliminando o disminuyendo la depresión.

Podemos asumir que el suicidio no soluciona nada, sino lo único que hace es adelantar el final sin haber encontrado la solución. No podemos decir que el suicidio sea una opción, ya que opción quiere decir posibilidad de optar o elegir, y el suicido arrebata para siempre lo uno y lo otro. La muerte es un acontecimiento irreversible que no sólo no elimina el dolor, sino también lo transmite a quienes nos rodean. También transmiten su dolor las personas que viven en la más absoluta soledad y se quitan la vida.

Mucha gente tiene ideas suicidas a lo largo de su vida. Para casi todos se trata de una idea pasajera, después de la muerte de un ser querido, o cuando los avatares de la vida les hacen ver unas perspectivas de futuro desalentadoras. Otros, con menos suerte, pueden ser genéticamente propensos a la depresión, padecer un desequilibrio químico o haber pasado muchas desgracias a lo largo de su vida, algo que, en suma, les conduce a la depresión.

No hay ninguna clase o tipo específico de persona que pueda tener la seguridad de no albergar jamás pensamientos suicidas. Los médicos, los terapeutas y los adolescentes ocupan los primeros puestos en las estadísticas de suicidios consumados, si bien parece que en personas con firmes convicciones religiosas es más infrecuente el intento de suicidio.

Terapia

Las estadísticas de suicidios son especialmente altas entre los pacientes que empiezan una terapia. Al comenzar una terapia, los propios síntomas de la depresión nos llevan a pensar en cosas como "esto no va a funcionar" o "¿para qué me meto en este lío si lo mío no tiene arreglo?" Además de estos pensamientos, puede ocurrir que el paciente y el terapeuta no conecten o no "encajen", por así decirlo (lo cual es perfectamente explicable si tenemos en cuenta que hasta entonces habían sido dos perfectos desconocidos). Creer que una terapia no va a dar resultado, especialmente si no es la primera, tiene consecuencias devastadoras. Podemos pensar que si la terapia falla, nunca nos veremos libres de este dolor y que no tiene ningún sentido seguir intentándolo.

La socialización de la idea del suicidio puede favorecer en otros el riesgo de suicidarse, pero también se requiere contar con un espacio para hablar de esto en un marco de confianza y respeto. Es especialmente trágico que, tras haber seguido un tratamiento terapéutico y haber experimentado una mejoría apreciable, el paciente se suicide. La depresión es un fenómeno intermitente, o sea, puede aparecer y desaparecer sin previo aviso, a veces en cuestión de instantes. Al deprimido que se siente eufórico y, por fin, puede imaginar un futuro sin depresión, cualquier contratiempo le provocará automáticamente una huida hacia la respuesta condicionada: las ideas de suicidio. Después de la terapia, algo puede desencadenar de nuevo los impulsos suicidas, como verse de nuevo expuesto a malos tratos familiares o sentirse incapaz de vencer una adicción, los problemas financieros y muchos más.

Adicciones

La nicotina, la cafeína, el alcohol, las drogas ilegales, el abuso obsesivo de la comida, así como algunos medicamentos ejercen una influencia perniciosa en el deprimido. Es muy común creer que en cuanto dominemos la adicción, terminará la depresión. Esto puede ser cierto en algunas ocasiones, pero ¿y si los esfuerzos por vencer la adicción son en vano?; efectivamente, el fracaso puede hacernos empeorar e imposibilitar, no vencer la adicción, sino que ni siquiera lo intentemos. Lo cierto es que la depresión y la adicción son fenómenos distintos y perfectamente separables. Una vez dominada la depresión, será más fácil intentar controlar la adicción, cualquiera que sea, desde una posición de fuerza y no de debilidad depresiva.

Fantasías acerca de la muerte

Algunas personas, cuando las cosas están mal dadas y no pueden soportar más el estrés y el dolor causado por una situación traumática, se consuelan al imaginar que están muertas. La fantasía puede empezar con la imagen de la propia familia y amigos, alrededor de la tumba, llorando desconsoladamente y lamentándose. La multitud de gente que acude al funeral es una buena prueba de cuánto nos querían y admiraban. El precio ha sido alto: la propia vida; pero por fin pueden comprender lo mal que nos ha tratado este mundo, por fin nos toman en serio y se dan cuenta de que nuestra tremenda pena era real y no simulada. Esta fantasía puede presentarse en otra variante: que hemos fingido suicidarnos y nuestros seres queridos están en el hospital, alrededor de la cama, y por fin se enteran de lo insoportable que nos resultaba la pena de vivir.

Lo más peligroso es que si uno se acostumbra a fantasear sobre la propia muerte, como mecanismo de escapatoria ante la pena de vivir, la fantasía puede adquirir el carácter de respuesta condicionada en períodos de crisis o de un mayor estrés. La muerte puede convertirse en un pensamiento reconfortante, hasta tal punto que el temor a la vida llegue a parecernos más horrible que el temor a la muerte.

Cuando hay pérdida de la conciencia racional, surge la idea de que para terminar con estas sensaciones tan desagradables lo único que puede hacer el sujeto es terminar con su vida, lo cual acabaría con la neurosis conversiva, pero no piensa que eso implica la muerte y que es irreversible porque sus conceptos racionales están descontrolados.

Un avance importante en el estudio y atención al suicidio es el trabajo realizado por Farberow en 1980 al plantear la consideración de las conductas autodestructivas directas (CAD) y las conductas autodestrutivas indirectas (CAI). Las primeras son aquellas que suponen una conducta autodañina consciente e intencionada en la cual podemos o no buscar la muerte. Con el desarrollo del concepto de las CAI pretendemos dar respuesta y explicación a una serie de conductas que no necesariamente provocan la muerte, pero que implican riesgo a la vida, o al menos deterioro somático (como las conductas sexuales de riesgo, las enfermedades como la anorexia, la interrupción de los tratamientos, las adicciones y muchas otras posibilidades).

Según Clemente y González, el suicidio es una conducta social y el estudio de las CAI ha permitido identificar en ellas las características siguientes:

- Hay una falta de conciencia de sus efectos destructivos.
- La conducta está racionalizada, intelectualizada o negada.
- Su comienzo es siempre gradual, aunque la muerte aparezca como brusca.
- En las CAI es rara la posibilidad de diálogo.
- Implican un sufrimiento prolongado y con frecuencia aparecen como un martirio.
- Hay una ganancia psicológica secundaria y se obtiene al provocar una expresión de simpatía o de hostilidad.

La consideración de las características de las CAI pudiera ser más amplia para realizar algún control epidemiológico en el que se incluyan los patrones de comportamiento de riesgo. Tener en cuenta estas características plantea nuevas alternativas para el tratamiento del suicidio, pues permite desarrollar estrategias de prevención y orientación que no habíamos detectado.

Sin embargo, aún quedan muchas interrogantes respecto al suicidio, entre las cuales no debemos descartar los procesos socionaturales que pueden estar presentes. Quienes han tenido la oportunidad de observar y vivir de cerca cómo surgen los procesos de cambio psicológico que son indicio de la presentación de la demencia no pueden negar que es común encontrar cómo surgen los impulsos psicológicos, como la sexualidad, la agresión, la tristeza o la risa. Surgen y no se contienen, sino que se completan a sí mismos, regresan sobre sí mismos y surgen nuevamente de otra manera y en otras condiciones.

Todo acto suicida es una conducta de cuestionamiento social y una pérdida que parece no tener sentido, pero que hace manifiesta la forma como la vida y la existencia son tratadas a sí mismas cuando una persona alcanza el punto más alto de sus fuerzas y límites. Ampliar la condición de lo que aquí entendemos por natural sería algo muy extenso que nos separaría del tema central del suicidio; los interesados en el tema bien harían en consultar lecturas sobre sociobiología y psicohistoria.

Prevención del suicidio

Como el suicidio no puede ser considerado como un fenómeno único o asociado a un trastorno mental, su prevención ha sido convertida en uno de los problemas más difíciles según Clemente y González por dos razones: ¿cómo prevenir un modo de comportamiento cuyo proceso de formación y realización es imperceptible e inesperado?, y ¿sobre qué factores hay que incidir para evitar el suicidio resultante de una reflexión y decisión personal? Una tercera razón para entender la dificultad de la prevención del suicidio es si existen realmente condiciones definidas e identificables que no se perturben con el tiempo y que con ello brinden la seguridad de recurrir a ellas para prevenir el suicidio.

En gran parte de la literatura se asume que el principal factor de riesgo para el suicidio es el trastorno psiquiátrico. La mayoría de personas que se suicidan sufren trastornos afectivos (depresión en 30 a 70% de los suicidas), abuso de alcohol u otras drogas o esquizofrenia. Otros factores de riesgo para el suicidio incluyen divorcio, separación, desempleo, enfermedad física grave, vivir solo y duelo reciente. La mayoría de autores no recomiendan la práctica de búsqueda sistemática de la ideación suicida en las personas asintomáticas de la población general.

Por lo anterior, algunas recomendaciones para la prevención del suicidio son:

1. Atender especialmente el bienestar emocional y la ideación suicida en las personas con los factores de riesgo mencionados, como los siguientes:

- Trastornos psicopatológicos de tipo afectivo, abuso de drogas o esquizofrenia.
- Situaciones psicosociales relevantes para el problema, como divorcio, separación, desempleo, enfermedad física grave, soledad o duelo reciente.
- Pacientes que han sobrevivido a un intento suicida.
- Pacientes con repetidos traumatismos y accidentes (hay que establecer el diagnóstico diferencial con el consumo de drogas).
- Pacientes que acuden al equipo quejándose de ideación suicida.
- Pacientes que consultan por otros motivos, pero que admiten una ideación suicida.
- Pacientes que, a pesar de negar su ideación suicida, muestran un potencial para el suicidio.

2. Si son cumplidos los criterios anteriores, hay una serie de recomendaciones generales por tener en cuenta, como las siguientes:

Recomendaciones respecto a las entrevistas. Realizar entrevistas tranquilas y abiertas, procurando, antes de entrar en temas directos, establecer una buena relación (emocional) con el paciente: ir de los temas generales a los específicos. Si sospechamos de un potencial suicida, no dejar de aclarar el tema: atender a la ideación suicida o, si no queda otro remedio, interrogar sobre ella, no pone esas ideas en la mente de tales pacientes, pues éstos las tenían de antemano. Por el contrario, a menudo el paciente suicida se siente reconfortado por el valor del profesional que es capaz de hablar de lo que a él le asusta tanto.

Recomendaciones para el seguimiento

- Tomar en serio todas las amenazas suicidas.
- No confiarse en las súbitas e inesperadas "mejorías". Una mejoría inexplicable puede ser producida por el alivio que siente el paciente al haber determinado la realización del suicidio.
- Interrogar al paciente que admite ideación suicida respecto a los medios y pasos preparatorios llevados a cabo (conseguir un arma, hacer un plan concreto y preparar una nota suicida, entre otros).

- En caso de detectarse una idea de suicidio seria, organizada (según los criterios anteriores) o reiterada, deberá enviarse al paciente sin demora a los servicios de salud mental para su tratamiento y eventual hospitalización.
- Debe informarse a los familiares acerca del riesgo de suicidio, de ser posible en una entrevista conjunta con el paciente o con el permiso de éste. A los familiares habrá que informarles de las precauciones que deben tomar para evitar el acceso a armas letales o a situaciones o fármacos peligrosos: entre un tercio y dos tercios de los pacientes intentan suicidarse con los psicofármacos que les ha prescrito su médico de cabecera.

También es recomendable organizar algunos servicios como una línea telefónica y desarrollar programas de educación media y de educación para la salud en los cuales se trate el tema del suicidio. No podemos dejar pasar la idea de que es necesario diferenciar si hay suicidios predecibles e impredecibles, pues esta sola diferencia ayudaría a vislumbrar los caminos a seguir en las propuestas. Para el primer caso, Clemente y González proponen reconocer cuatro campos de acción: el control de la evolución y tratamiento de la enfermedad, la atención y organización de centros de urgencias, el control y diagnóstico de psicofármacos, y la participación de familiares y seres cercanos al posible suicida. Para el caso de los suicidios impredecibles, lo ven como algo muy complejo y difícil de abordar.

Formación de especialistas en atención al suicidio

El tema del suicidio suele llamar la atención y despertar mucha curiosidad, pero no siempre el interés se encuentra acompañado de una estructura de personalidad que permita tolerar los riesgos y consecuencias que puede tener encontrarnos frente a una persona con claras huellas de haber intentado matarse. Una de las sorpresas más grandes que ha tenido el autor es encontrar que mucho de lo que se dice de la atención y respeto a pacientes con tendencias al suicidio no es verdad, que no existe un trabajo conjunto e interdisciplinario para elegir cuándo dar de alta a un paciente que ha intentado suicidarse. Desafortunadamente, en la literatura sobre suicidio casi no se plantea qué preparación deben tener las personas interesadas en el suicidio. Mucha de la irregularidad de los servicios disponibles en psicoterapia, atención psiquiátrica y orientación psicológica es debida a que no contamos con una adecuada reglamentación sobre la formación de especialistas y la práctica profesional. Debido a su naturaleza, el ejercicio de la psicoterapia es una de las actividades que los especialistas consideran más insalubres; por ello, no extraña que sea común encontrar un índice relativamente alto de psicoterapeutas con problemas fuertes de adicciones (alcoholismo y consumo de algunas drogas) y depresión (incluso tendencia al suicidio) entre psicólogos clínicos y médicos (particularmente psiquiatras) en comparación con otros profesionales.

Durante la década de 1980, el autor tuvo oportunidad de trabajar en hospitales psiquiátricos donde los psiquiatras daban por hecho que el trabajo de los psicólogos era reducido al psicodiagnóstico y solamente en algunos casos se podía participar la psicoterapia. Desafortunadamente, la mayoría de los psicólogos asumían ese papel pero no siempre existía correspondencia entre el estudio psicológico y el tratamiento proporcionado en el hospital (el autor llegó a ser testigo de casos en los cuales el diagnóstico contaba con una sólida base de información que algunos psiquiatras solían ignorar, aun cuando el diagnóstico mostraba que el tratamiento proporcionado no era el adecuado, e incluso hubo un caso que terminó en la muerte de un menor por un claro descuido del tratamiento psiquiátrico); además, era común llegar a las áreas de pabellones del hospital y encontrar que los psiquiatras habían dado de alta a algunos pacientes con quienes estábamos trabajando. No extrañaba que, después del fin de semana o a la semana siguiente, tuviéramos que recibir al mismo paciente por reingreso. También se asume socialmente que ser psiquiatra da cierta autoridad para atender a una persona; se desconoce que una cosa es estudiar psiquiatría y otra muy diferente ejercer la psicoterapia (que no necesariamente debe ser sólo de corte psicoanalítico). Podemos tener buena formación profesional, pero no necesariamente preparación técnica ni humana.

Debemos reconocer que la psiquiatría ha cambiado mucho, pero también es necesario ver que de ella se sigue haciendo un ejercicio del poder pocas veces responsable y de la cual Thomas Szasz ha hecho un señalamiento constante a lo largo de muchos años. Los criterios para dar de alta a un paciente eran más relativamente personales del jefe de servicio; no se discutían los casos ni mucho menos eran tomados en cuenta el paciente ni su familia. Una gran cantidad de veces nos tocó ver cómo eran dados de alta los pacientes en el hospital psiquiátrico sin que otro personal o especialista pudiera decir algo; además, el tratamiento para varios casos de intento de suicidio fue centrado en tener sus respectivas dosis de medicamento, pero sin ningún otro soporte psicoterapéutico. Por desgracia, también la mayoría de los psicólogos centraban su interés en ejercer el psicodiagnóstico pero sin ningún programa de intervención. No hay mayor farsa de la atención institucional que la de enseñar que es necesario un trabajo interdisciplinario y que contemos con un diseño de programas, pero jamás con la trascendencia que éstos tienen, ni contar con su respectivo seguimiento. Muchas de estas dificultades eran generadas a partir de las condiciones de contratación del personal (había personal que inició como parte del grupo de limpieza y no sabía leer y escribir, pero tenía nombramiento de enfermera y trabajaba como tal).

Mencionamos lo anterior debido a que no sorprende que se carezca de información confiable acerca del efecto de los programas de salud mental en la atención al suicidio en nuestras instituciones, ni se cuente con la capacitación del personal. ¿Hay algún control e informes que den orientación de cuántos casos han sido atendidos exitosamente? Aquellos pocos a los que el autor ha tenido acceso no lo convencen, pues son elaborados por criterios administrativos más que por reales criterios psicoterapéuticos.

Sin embargo, no todo es tan malo; por fortuna, hubo espacios (IMSS, IMP, INSaMe-DIF y otros) donde muchos especialistas tienen una preocupación auténtica por atender las necesidades de los pacientes, ya sea que éstos tengan o no deseos de suicidarse. En estos espacios han sido planteadas diversas propuestas prácticas que consideran tanto a los especialistas como a los servicios y personas afectadas. En tales propuestas son planteadas pautas de trabajo y preparación para el personal que trabajaba en la atención a personas con deseos y riesgo suicida. Algunas de esas pautas son las siguientes:

Para el personal

1. *Tener formación especializada y no solamente profesional.* Se trata de tener una formación orientada a la atención del suicidio; la formación profesional, dada su naturaleza y nivel, siempre ten-

drá algunas carencias que solamente se podrán cubrir con un
trabajo más dirigido, supervisado e interdisciplinario.

2. *Organizar reuniones de supervisión personal no marcadas por criterios institucionales sino profesionales.* Otto Klenberg (comunicación personal, 1987) sugería que deberíamos desarrollar una
confianza en los colegas para compartir nuestras dudas, preocupaciones y propuestas. Dicho autor comentaba que en una ocasión atendía a un paciente con graves trastornos de personalidad
y un día salió a trotar con un colega; mientras trotaban se le
ocurrió que su colega (no especialista en estos casos) podría ayu-
darlo, por lo cual le platicó en qué consistía el caso y le preguntó
qué pensaba al respecto. Klenberg escuchó a su colega mientras
trotaban y al final del recorrido éste le preguntó porque le había
pedido su opinión, a pesar de que dicho psiquiatra es una autoridad en el tema. Klenberg contestó que había aprendido que
era necesaria la confianza entre iguales, que lo importante era tener a alguien con quien compartir el caso y disponer de un espacio y momento para hacerlo. Por cierto, el primero de ellos
aseguró que las observaciones de su colega le fueron de mucha
utilidad; por esa razón proponía que, aun cuando nos dedicára-
mos a la atención particular, podríamos contar con una colabo-
ración entre colegas.

3. *Organizar discusiones de casos tanto exitosos como de fracasos.* En
nuestras sesiones clínicas, de la investigación sobre el suicidio en
el Distrito Federal que teníamos en el Instituto de Salud Mental, llegamos a la conclusión de qué tan útil era presentar casos
que tuvieran un resultado exitoso; como era valioso reconocer
aquellos casos en los cuales el resultado no era el mejor y el paciente había consolidado el suicidio. Estos casos ponían en evidencia la preparación y cuidado que habíamos tenido en nuestro trabajo.

4. *Diferenciar las creencias religiosas, las preferencias sexuales o las políticas del personal de aquellas que correspondan a los pacientes.*
Como lo menciona Lafarga (2002), el trabajo supervisado es
una necesidad que debemos satisfacer todos los que ejercemos la
psicología en general y la psicoterapia en particular, sobre todo
esta última. Algunos colegas dan prioridad a sus preferencias religiosas o tienden a inducir a los pacientes a acercarse o inte-

grarse a su comunidad religiosa. Si bien es necesario que cada quien defina se elección religiosa, los psicólogos deben establecer una diferencia entre el ejercicio de la psicoterapia y la persuasión religiosa.

5. *Preparación para recibir reportes de condiciones críticas.* Durante el ejercicio de la profesión es común tener casos en los cuales las posibilidades de éxito se ven trastocadas por motivos diferentes. A los profesionales comprometidos que se encuentren con casos de personas que deciden suicidarse cuando están en tratamiento les conviene contar con una red de apoyo. El suicidio de un paciente puede ser muy impactante para quien lo atiende: muestra lo frágil que es la vida, la fuerza que puede tener un deseo destructivo y lo inadecuado de muchas de nuestras estructuras sociales.

Para los servicios

1. Trabajo compartido entre profesionales incluidos un sacerdote y un abogado. Es recomendable que el terapeuta que atienda a un suicida o un caso de suicidio cuente con un apoyo de algún abogado o de un sacerdote o pastor, pues en ocasiones las exigencias y reclamos de las familias y sobrevivientes pueden tomar otros matices.

2. Promover el trabajo interistitucional: apoyarse en otras instituciones para brindar mejor servicio.

3. Reconocimiento y respeto de los derechos humanos de los pacientes psiquiátricos.

4. Contar con una asesoría o respaldo legal que proteja al personal del servicio. A veces los sobrevivientes culpan a los terapeutas de las acciones de su familiar y lo hace responsable del suicidio.

5. Tener una orientación que permita la actualización, formación y supervisión del personal. Los profesionales de los diferentes servicios deben contar con un programa de asesoría; basta lo que en su momento tanto Klenberg (ya mencionado) y Lafarga, en diferentes publicaciones, sugieren para contar con un espacio de supervisión.

Para los usuarios

1. Ser informados de las condiciones del servicio. Hay que orientarlos en las posibilidades y alternativas
2. Ser informados de los riesgos y consecuencias de un suicidio y anticiparles acerca de lo que puede suceder a raíz del suceso.
3. Contar con servicios complementarios para su atención y orientación: que cuenten con diferentes espacios a los que puedan recurrir cuando lo necesiten.

Comentarios finales

A pesar de la cantidad de información disponible, todavía hay entre algunos grupos de especialistas de las ciencias del comportamiento y de la salud la idea de que tras el suicidio existe algún problema de tipo psiquiátrico. En este sentido, los mismos datos del INEGI pueden ayudar a precisar algo más al respecto, pues según los datos del censo de 1999, de donde se recolectaron los datos de suicidio de 1998, las tres causas identificadas con mayor frecuencia entre hombres y mujeres suicidas fueron el disgusto familiar, el desamor y la enfermedad grave. A partir de la cuarta causa identificada observamos diferencias entre ambos sexos, pues para los hombres la siguiente causa de suicidio fue por problemas económicos en comparación con la enfermedad mental para las mujeres. Esta información muestra con cierta claridad que la idea de que tras el suicidio puede haber alguna enfermedad mental no tiene sustento, pues las principales causas del suicidio suelen ser de otra naturaleza.

Faltaron discutir o comentar con mayor profundidad algunos otros datos estadísticos, como condiciones de educación, laborales y de familia, cuáles fueron los medios para suicidarse, o una comparación entre los diferentes estados del país donde hubo suicidios. Esto será motivo de otro trabajo, pero es necesario señalar que existe un formato de captura para casos de intentos suicidas y suicidios, en los cuales solamente se consideran siete puntos: residencia del suicida, lugar donde cometió el acto, tipo de acto, sitio donde efectúo el acto, medio empleado para cometer el acto, causa que motivó el acto y características personales del suicida. Sería pertinente también incluir algunos puntos referentes a si hay información de intentos previos de suicidio, condiciones de salud y datos sobre posible violencia familiar y maltrato sexual, entre otros (vea los anexos del informe que el INEGI publicó en 2000).

El suicidio ha sido explicado desde presupuestos tales como el fracaso personal, pero Clemente y González lo plantean como parte del proceso vital global de la persona y no como una conducta aislada. La contradicción y ambivalencia social pueden ser muy desestructurantes de la vida de una persona.

Tras las propuestas de atención al suicidio, Zalvarezza (2002) plantea las preguntas siguientes:

a. ¿Por qué no?
b. ¿A quién debemos rendir cuentas de nuestras decisiones mientras no entren en conflicto con los derechos de los demás?
c. ¿Quién determina que la vida hay que vivirla sin importar cómo sea?

Las preguntas no plantean la anulación de las propuestas de prevención del suicidio, por el contrario, destacan las implicaciones éticas que deberemos tomar y asumir cuando trabajemos propuestas preventivas. Tomémoslas en cuenta, pues por desgracia los casos de suicidio seguirán presentándose durante mucho tiempo y con ellos vendrá un dolor difícil de aliviar.

Bibliografía

Alcántara Vázquez, A., Amancio, Ch.O., González Ch.A., Hernández, G.M. y Carrillo J.H., "Mortalidad en pacientes geriátricos del Hospital General de México", *Salud Pública de México*, julio-agosto, 1993, vol. 35, núm. 4, pp. 368-375, 1992.

Andrau, M., *Enfrentarse a la muerte*, Sudamericana, México, 1992.

Baltes. M., "On the Relationship Between Significant Yearly Events and Time of Deat: Random or Systematic Distribution". *Omega*, vol. 8 (2), 1977-1978, pp. 165-172, 1977.

Bernhardt Stephen L., "Los pensamientos suicidas: qué son y cómo luchar contra ellos", en www.suicidio.org, 2003.

Belsky, Janet, *Psicología del envejecimiento: teoría, investigaciones e intervenciones*, Barcelona, Masson, 1996.

Borges G., Rosovsky H., Gómez C. y Gutiérrez, R., "Epidemiología del suicidio en México de 1970 a 1994", *Salud Publica de México*, 38:197-206, 1996.

Celis A., Gómez Lomelí, Z. y Armas, J., "Tendencias de mortalidad por traumatismos y envenenamiento en adolescentes", México, *Salud Pública de México*, vol. 45, suplemento 1 de 2003, S8-S15, 1979-1997.

Clemente, Miguel y González, Andrés, *Suicidio*, Madrid, Biblioteca Nueva, 1996.

Durkheim, Emilio, *El suicidio*, México, Ediciones Coyoacán, 1994.

Eguiluz, R., Luz de Lourdes, "Una reflexión sobre la conducta suicida desde el marco de la terapia familiar", *Psicología Iberoamericana*, vol. 3, núm. 1, pp. 18-22 marzo de 1995.

Emerich, José Antonio, "El suicidio, la familia y la crisis", *Psicoterapia y familia*, vol. 1, núm. 2, pp. 7-16, 1988.

Erdely, Jorge, *Suicidios colectivos*. Publicaciones para el estudio científico de las religiones. 2a. ed., México, 2002.

Espinosa Feregrino, Leopoldo Francisco, Almeida Montes, Luis Guillermo, Cortés S, Francisco y Leo Amador, Guillermo Enrique, "Análisis de muertes por suicidio en el estado de Querétaro", *Salud Mental*, vol. 26 (6): 47-54, diciembre de 2003.

Galvis M.L. y Velasco, J.H., "Epidemiología del suicidio en la República Mexicana", *Anales del Instituto Nacional de Antropología e Historia*, 12:97-107, 1960.

García Pérez, Teresita, "La autopsia psicológica en la prevención de las muertes violentas en la comunidad", www.psicologíajuridica.org, 1999.

——, "La autopsia psicológica: espectros de aplicación", www.psicologiajuridica.org, 2001.

García, Javier, "Estudio de las características del suicidio en Guadalajara en el período do 1976-1978", *Salud Pública de México*, México, 1981.

Guiza Cruz Víctor, "Algunas características del suicidio consumado reportado al Servicio Médico Forense, DDF., en el lapso 1987-1988", proyecto coordinado por su autor y realizado en el Instituto Nacional de Salud Mental del DIF, México.

González Macip, S., Díaz Martínez, A., Ortiz León, S., González Corteza C. y González Nuñez, J.J., "Características psicométricas de la escala de ideación suicida de Beck" (ISB) en estudiantes universitarios de la Ciudad de México", *Salud Mental*, vol. 23, núm. 2, pp. 21-30, abril de 2000.

González Forteza, C., Berenzon Gorn, S., Tello Granados, A.M., Facio Flores, D. y Medina Mora Icaza, M.E., "Ideación suicida y características asociadas en mujeres adolescentes", *Salud Pública de México*, 40: pp. 430-437, 1998.

Greiner, T. y Pokorny, A., "Can Death be Postponed? The Death-Dip Phenomenon in Psychiatric Patients", *Omega*, vol. 20 (2), pp. 117-126, 1989-1990.

Gutiérrez, Luis Miguel, "Relación entre el deterioro funcional, el grado de dependencia y las necesidades asistenciales de la población envejecida en México", en *La situación de los adultos mayores en el Distrito Federal*, México, Gobierno del Distrito Federal-UNAM, 1999.

Híjar Medina, Martha, López López, María Victoria y Blanco Muñoz, Julia, "La violencia y sus repercusiones en la salud; reflexiones teóricas y magnitud del problema en México", *Salud Pública de México*, 39: pp. 565-572, 1997.

——, Blanco, Julia, Carrillo, Carlos y Rascón, Alberto, "Mortalidad por envenenamiento en niños", *Salud Pública de México*, 40: 347-353, 1998.

INEGI, *Estadísticas de intentos suicidas y suicidios*, cuaderno núm. 5, México, edición 2000.

——, *Estadísticas de intentos de suicidio y suicidios*, serie boletín de estadísticas continuas, demográficas y sociales, México, edición 2002.

——, *Estadísticas de intentos suicidas y suicidios*, cuaderno núm. 7, México, edición 2001.

Jiménez Tapia, Alberto y González-Forteza, Catalina, "Veinticinco años de investigación sobre suicidio en la Dirección de Investigaciones Epidemiológicas y Psicosociales del Instituto Nacional de Psiquiatría Ramón de la Fuente", *Salud Mental*, vol. 26 (6): 35-46, diciembre de 2003.

Klenberg, Otto, *Curso de formación en terapia familiar*, INSaMe-DIF, México (comunicación personal, 1987).

Krassoievitch, Miguel, *Demencia presenil y senil*, México, Salvat, reimpresión, 1997.

——, *Psicoterapia geriátrica*, México, Fondo de Cultura Económica, 1993.

Lafarga Corona J., "El psicólogo que México necesita", conferencia magistral dictada en el *VI Congreso al Encuentro de la Psicología Mexicana*, Puebla, México, 2002.

López Garza, David, "Evaluación y tratamiento de la conducta suicida", en *La psicología en México a fines del siglo XX*, tomo I, pp. 9-20, junio de 1998.

May G., Evelyn, "¿Cómo evaluaría el riesgo suicida en un paciente y en qué casos indicaría la hospitalización?", www.suicidio.org, 2002.

Mondragón L., Borges, G. y Gutiérrez, R., "La medición de la conducta suicida en México: estimaciones y procedimientos", *Salud Mental*, vol. 24, núm. 6, diciembre de 2001.

Mar Zúñiga, Santiago, "Manejo psicológico del intento de suicidio", en *La psicología en México a fines del siglo XX*, tomo I, pp. 1-8, junio de 1998.

Mesa, Pedro, "El suicido en la vejez", en *Envejecimiento y psicología de la salud*, cap. 14, Buendía, José (comp.), Madrid, Siglo XXI, 1994.

Moragas, M. Ricardo, *Gerontología social*, Herder, 1992.

Pérez Barrero, S.A., "Factores de riesgo suicida en el anciano", *Geriatrianet.com*, vol. 6, núm. 1, año 2004.

Quintanar O., Fernando, "Las muertes en serie de ancianos institucionalizados", en *Vida, muerte y renacimiento*, memorias de las VII jornadas de desarrollo transpersonal, Universidad Iberoamericana, pp. 121-130, noviembre de 1994.

——, "Presente y futuro de la conducta suicida", en *Conducta antisocial: un enfoque psicológico*, De Silva Rodríguez, Arturo, cap. 7, Pax-México, 2003.

——, García Reyes-Lira, Carlota J., Puente Pérez, Iván, Robles Flores, Laura y Bazaldúa Merino, Laura A., "Análisis retrospectivo y comparativo de las muertes en serie de ancianos institucionalizados en dos casas-hogar de México en el período 1992-2002", (en prensa), existe tesis y mecanograma en la FES Iztacala-UNAM, 2004.

Reinares, G.M., Vieta, P.E., Nieto, R.E. y Sánchez, M.J., "Comportamientos suicidas y trastornos bipolares", en Bobes, G.J. y cols., *Comportamientos suicidas: prevención y tratamiento*, pp. 178-180, Ars Médica, Barcelona, 2004.

Reyes Zubiría, Alfonso, "Suicidio", cuarto tomo del *Curso fundamental de tanatología*, México, 1999.

Rodríguez, Andrea, "Autopsia psicológica: una herramienta útil para el peritazgo psicológico", www.psicologiajuridica.org, 2001.

Rodríguez, María Luisa, *El suicidio en México*, México, editado por el Conapo, 1963.

Ruiz, Liliana, "Características de la morbilidad en población mexicana de edad avanzada: un análisis de la encuesta nacional de salud 1988", en *Salud Pública de México*, vol. 38, núm. 6, noviembre-diciembre de 1996.

Ruiz H., Rafael, "La ciudad y el crimen", *Ciudad y metrópolis*, sección B, periódico *Reforma*, agosto de 2001.

Saltijeral, M.T. y Terroba, G., "Epidemiología del suicidio y del parasuicidio en la década de 1971 a 1980 en México", *Salud Pública de México*, 29 (4): 345-360, 1987.

Schwartz, H. y Jacobs, J., "Estudio fenomenológico de notas de suicidas", en *Sociología cualitativa*, pp. 203-217, Trillas, México, 1999.

Seligman, Martín, *Indefensión*, Debate, 1975.

Stolsenberg, Gabriel, "¿Qué puede revelarnos sobre el pensar un análisis de los fundamentos de la matemática?", en *La realidad inventada*, Watzlawick, Paul y cols., Gedisa, pp. 206-250, Barcelona, 1990.

Suchil, B.L., Mohar, B.A., Garza, S.J., Meneses, G.A. y Mora T.R., "La autopsia, espejo de la mortalidad intrahospitalaria", *Salud Pública de México*, vol. 33, núm. 3, pp. 259-265, mayo-junio de 1991.

Sudnow, D., *La organización social de la muerte*, Paidós, Buenos Aires, 1962.

Szasz, Thomas, *Libertad fatal: ética y política del suicidio*, Paidós, Barcelona, 2002.

Terroba, Graciela y Hernán, Arturo, "Factores clínicos y sociales asociados con el parasuicidio y con el suicidio consumado", *Salud Mental,* vol. 9, núm. 1, marzo de 1986.

Valente, Sharon, *Suicide and Elderly People: Assessment and Interventión*, Nueva York, Omega, vol. 28(4): pp. 317-331, 1993-1994.

Zalvarezza, *Psicogeriatría: teoría y clínica*, Paidós, 2a. ed., pp. 305-327, Buenos Aires, 2002.

Zubiría, Alfonso, *Suicidio*, cuarto tomo del *Curso fundamental de tanatología*, México, 1999.

Acerca del autor

Fernando Quintanar Olguín estudió la licenciatura en Psicología, la maestría en Investigación de servicios de salud y un doctorado en Psicología de la vejez entre México y Salamanca, España. Ha sido profesor del área de Métodos cuantitativos en Psicología de la Facultad de Estudios Superiores Iztacala. Colaboró en los servicios de salud sobre investigaciones de suicidio, gerontología y tanatología. Es colaborador en proyectos de intervención de desastres y crisis. Ha publicado varios artículos sobre muerte, vejez, metodología de la investigación y ambiente. Actualmente trabaja problemas de vejez y ambiente.

Esta obra se terminó de imprimir
en agosto de 2019, en los Talleres de

IREMA, S.A. de C.V.
Oculistas No. 43, Col. Sifón
09400, Iztapalapa, D.F.